Gerhard Elwert

Meine Religion ist die Liebe

Gerhard Elwert

Meine Religion ist die Liebe

30 transreligiöse Ansprachen

Fromm Verlag

Imprint
Any brand names and product names mentioned in this book are subject to trademark, brand or patent protection and are trademarks or registered trademarks of their respective holders. The use of brand names, product names, common names, trade names, product descriptions etc. even without a particular marking in this work is in no way to be construed to mean that such names may be regarded as unrestricted in respect of trademark and brand protection legislation and could thus be used by anyone.

Cover image: www.ingimage.com

Publisher:
Fromm Verlag
is a trademark of
International Book Market Service Ltd., member of OmniScriptum Publishing Group
17 Meldrum Street, Beau Bassin 71504, Mauritius

Printed at: see last page
ISBN: 978-620-2-44253-4

Meine Religion ist die Liebe

30 transreligiöse Ansprachen

Gerhard Elwert, Jg. 1952, Dr. phil., Dipl.-theol., Psychotherapeut, Supervisor, Coach, Kontemplationslehrer nach Willigis Jäger, E-Mail: gerhard.elwert@freenet.de

Inhaltsverzeichnis

Vorwort Gerhard Elwert 5

Geleitwort Fernand Braun 8

„Meine Religion ist die Liebe" 11

„Weihnachten ist die Feier unserer Geburt ..." 13

„Schweigt, er ist schon wirklich hier" 15

„Gib das Leiden auf!" 17

„Geburtlos bin ich" 19

„Heilige Unwissenheit" 21

„Da du ich bist, komm herein" 24

Die Furcht vergessen 27

Die eingeschlossene Buddha-Natur befreien 31

Sei Schale, nicht Kanal 34

„Abgeschiedene Lauterkeit kann nicht beten" 36

Mit leichtem Herzen seinem Weg folgen 38

„Verzichte, und genieße das Leben" 40

Stilles Wort 42

Allen Alles werden 44

„Jede Geburt bedeutet Trennung" 46

Der gedachte Gott 48

Einfachheit 50

„Wirf die Jahre der Vergangenheit auf die Straße" 52

Jetzt 54

„Die Wahrheit ist ein pfadloses Land" 56

„Die befreite Seele trachtet nicht nach Gott" 59

Selbstliebe zuerst 61

Der seelisch gesunde Mensch 63

„Mitten im Schweigen" 65

„Wo nichts ist, ist Fülle" 67

Sich aus der Entfremdung lösen 69

Die Erste Wirklichkeit 71

Wissen durch Erkennen im Herzen 74

„Was ist Zen?" 76

Vorwort

Der Bedeutungsverlust von Religion in unserm Kulturkreis seit der Aufklärung erreicht heute einen neuen vorläufigen Höhepunkt. Die Gruppe der Konfessionslosen hat anhaltend beachtliche Zuwachsraten, während die Mitgliederzahl der Großkirchen ungebremst schrumpft. Die moderne Esoterik- und Psychoszene boomt seit Jahrzehnten. Religiöse Gruppierungen und Sekten feiern Gottesdienste mit ausgelassener Emotionalität und einfachen und prinzipientreuen Antworten. Andere erleben sich in der institutionalisierten Religion durch kompromisslosen Dogmatismus, fanatische Begeisterung und rigide Moralvorstellungen bestätigt und aufgewertet oder abgestoßen. Motor dieser Entwicklungen ist auch hier die natürliche Sinnsuche des Menschen.

Mein Sohn nahm an der kirchlichen Trauung einer Kollegin teil. Was er mir erzählte, klang wie ein Kulturschock. Die religiöse Zeremonie empfand er als gegenwartsfremd ohne einen überzeugenden Realitätsbezug. Während meiner therapeutischen Arbeit brechen den Patient/innen und Klient/innen regelmäßig ihre Glaubensgebäude wie Kartenhäuser zusammen. Ein unschuldiges oder schuldhaft verursachtes Leid ist für kritisch denkende Zeitgenoss/innen mit einem barmherzigen Gott nicht mehr vereinbar. Gott wird als abwesend, verzichtbar oder nicht existent, also eingebildet, erlebt. Die Allmächtigkeit, Allwissenheit und Allbarmherzigkeit Gottes wird offen infrage gestellt, die Existenz Gottes gar geleugnet. Der gelebte, meist unausgesprochene Atheismus, Agnostizismus, Skeptizismus und religiöse Zweifel ist mit Händen greifbar. Materialistische und hedonistische Einstellungen sowie die modernen Wissenschaften treiben in den säkularisierten Gesellschaften die nichtreligiöse Sinnsuche voran. Religionen haben in solchen gesellschaftlichen Zusammenhängen ihr Weltanschauungsmonopol und die Deutungshoheit über die Welt endgültig verloren.

Wie heute über einen offenen Sinnhorizont miteinander sprechen? Für mich ist der Mensch von Natur aus ein transzendierendes Wesen, das sich ständig selber überschreitet und das demzufolge auch Religion und Gottesrede übersteigen kann. An einen personalen Gott zu glauben, mag vielleicht hilfreich sein, notwendig ist es nicht, wie areligiöse Weltanschauungen, Philosophien und Weisheitslehren zeigen.

Aus dieser Erkenntnis erwuchs für meine Frau und mich im Laufe mehrerer Jahre der Wunsch, eine Feier zu kreieren, in der Menschen aus unterschiedlichen Traditionen deutungsoffen das „Leben allen Lebens" (nach Albert Schweitzer) miteinander feiern können. Als Grundlage bot sich rasch die gegenstandsfreie Mystik aus den Religionen, Weltanschauungen, Weisheitslehren, der Kunst - besonders der Literatur und Musik, der Negativen Theologie und der *philosophia perennis* an. Hier befindet sich kulturen- und epochenübergreifend ein unerschöpflicher, oft vergessener Schatz weltweit. Daraus speist sich thematisch die *Feier des Lebens*, wie sie nach dem Vorbild vom Benediktushof, einem Zentrum für Meditation und Achtsamkeit in Unterfranken bei Würzburg, vom Benediktiner und Zen-Meister Willigis Jäger genannt wurde.

Die *Feier des Lebens* wurde im November 2015 in Baden-Baden eingeführt und ist heute fest verankert. Ohne entschlossenes Betreiben meiner Frau wäre sie bei meiner Arbeitsbelastung nicht zustande gekommen. Sie findet in der Spitalkirche statt, die von der altkatholischen Kirchengemeinde von der Stadt gemietet ist. Ihr Kirchenvorstand beschloss einstimmig dieses Angebot, nachdem er das Konzept diskutiert hatte. Für ihn ist es selbstverständlich, sich für spirituelle Alternativen zu öffnen, damit zu experimentieren und mit Andersgläubigen und –denkenden eine gemeinsame Plattform zu finden. Dies geht über die klassische Ökumene weit hinaus, wie z.B. die Teilnahme von Zen- und Yoga-Meditierenden, Agnostiker/innen und Skeptiker/innen zeigt.

Zeiten der Stille, wiederholende Gesänge, wie sie aus Taizé und der Mantren-Tradition bekannt sind, ein Mystiktext und ein schlichter Mahlritus mit den universellen Symbolen Brot und Wein bilden den Rahmen der stündlichen Feier, die monatlich stattfindet. Das Konzept der Feier ist nondual angelegt; die Welt wird als seinshaft eins verstanden. Bewusst bleibt die Feier im Symbolischen, Metaphorischen, Gleichnishaften und Mythischen, so dass die Feiernden selbstbestimmt vor einem offenen (Sinn-)Horizont frei deuten können. Daher wird auf Glaubensbehauptungen, Bekenntnisse und Moralvorstellungen verzichtet, bzw. diese werden überschritten. Die Feier bleibt spirituell im Sinne der gegenstandsfreien Mystik. Da sich die reine Wahrheit, das Numinose oder Zeitlose nicht organisieren lässt, ohne es zu verdunkeln, wird eine Vereinsgründung oder institutionelle Kirchenbindung unterlassen. Träger ist ein ehrenamtliches Team.

Die *Feier des Lebens* ist kein Gottesdienst. Nur Götzen wird gedient. Der moderne Mensch setzt auf Partnerschaft, Mitbestimmung, Team und Kooperation. Was die Einzelnen unter Gott verstehen mögen, ist nicht zu verehren und anzubeten, sondern zu leben. Das umfassende Leben an sich ist kostbar und köstlich - eben himmlisch.

Baden-Baden (Steinbach), im September 2018

Gerhard Elwert

Geleitwort

In dem vorliegenden Buch von Gerhard Elwert bezieht sich der Autor mit seinen Ansprachen auf Texte von Mystikerinnen und Mystikern verschiedenster, spiritueller Traditionen und Religionen, auch auf Zitate weiser Frauen und Männer, die sich nicht einer bestimmten Religion oder Glaubensrichtung zugehörig fühlen. Auch sie sind „Mystikerinnen und Mystiker"! Mystiker sind keine besonderen Menschen mit besonderen spirituellen Erfahrungen; jeder Mensch ist ein (besonderer) Mystiker (David Steindl-Rast), mit seinem ganz eigenen spezifischen Erfahrungshintergrund und mit dadurch einhergehenden Erkenntnissen.

In der Feier des Lebens, wie der Name schon andeutet, werden in den Ansprachen bestimmte Aspekte des „Großen Lebens" hervorgehoben, reflektiert und gefeiert. Das „Große Leben" kann durchaus synonym verstanden werden als das „Göttliche Leben" – ist doch das Leben eines jeden Menschen, und mehr noch, eines jeden Geschöpfs, eine vollkommene Manifestation des Göttlichen - ohne Ausnahme! Mit der Auswahl der Texte stellt der Autor den Menschen in seinem alltäglichen Leben in den Mittelpunkt. Denn nichts kann den Menschen so sehr über sich hinausführen wie der Alltag; er kann den Menschen aber auch „alltäglich" werden lassen, verloren in Routine und Dumpfheit. Im Alltag beginnt der spirituelle Weg, und dort endet er auch!

In Allem offenbart sich das Göttliche, die „philosophia perennis" (die ewige Weisheit), ohne auch Widersprüchlichkeiten und Ungereimtheiten auszublenden. Die Wahrheit wird ja dadurch nicht geschmälert. Denn die Wahrheit übersteigt, was wir „richtig und falsch" nennen. Sie basiert nicht auf bloßen Meinungen oder Theorien. Sie kann jedem Vergleich standhalten. Gerade dadurch zeigt sich die Wahrheit als unverfälschter Ausdruck der „göttlichen Wirklichkeit" (vgl. Ibn Árabi, Sufimeister, „Meine Religion ist die Liebe"). „Alles Wissen dieser Welt, alle Philosophien, Theologien, alle Lehren und Dogmen können wir zurücklassen: aber um Liebe und Mitgefühl kommen wir nicht herum; das ist meine wahre Religion, mein schlichter Glaube!" – ein anderes Wort eines großen, zeitgenössischen Mystikers (Dalai Lama), der es in ähnlicher Weise ausdrückt.

„Unsere Sprache entsagt sich angesichts der Unbegreiflichkeit Gottes"! (Gerhard Elwert). Was auch immer wir über das Göttliche aussagen, entspricht mehr dem, was Gott nicht ist, als das, was wir meinen, was Gott sein könnte. Dieser Grundsatz der mittelalterlichen Scholastik gilt mehr denn je für die Mystik bzw. Kontemplation. Es bleibt ein Dilemma, eine Spannung, die der Mystik bzw. der Kontemplation als Praxis des mystischen Weges innewohnt und nie wirklich aufgelöst werden kann. Was auch immer wir in Bezug zum Göttlichen aussagen, ist bestenfalls ein Hinweis, etwas, das auf das Göttliche verweist. Diese Verwiesenheit gründet darin, daß wir als Menschen immer die vom Göttlichen Angesprochenen sind. „Gott spricht – der Mensch wird!" so schreibt es Meister Eckhart: Jeglicher Anspruch kann nur darin liegen, daß das Göttliche nie aufgehört hat, zu uns zu „sprechen", uns ins Sein ruft und uns sein läßt. Der Ort dieser Erfahrung liegt verborgen „im Zentrum unseres Wesens – ruhend in sich – dort, wo die Welt in ihrer Weise ruht." Wenn alles still geworden ist, alles Denken und Wollen zur Ruhe gekommen ist, wird dieses „verschwiegene Wort" in der Tiefe der menschlichen Seele vernehmbar. Als dieses „Wort", das Gott selber ist, ruft Er den Menschen und alle Geschöpfe ins Sein und offenbart sich selber als ein „Gott der Gegenwärtigkeit"! Gott, Welt und Mensch sind untrennbar miteinander verbunden und können auch nur miteinander „existieren", und zwar immer nur im „Hier und Jetzt"!

Dieser Gedanke von Meister Eckhart ist ein anderer spezifischer Ausdruck mystischer Betrachtungsweise. Welt kann nicht als vom Betrachter getrennt gesehen werden. Was wir Welt nennen, befindet sich nicht „draußen", außerhalb von uns, sondern wir sind zutiefst mit Welt und mit allem, was dazu gehört, verbunden – mehr noch: In der Mystik gibt es diese Trennung nicht! (vgl. Dschalad al-Dir Muhammad ar-Rumi, Sufimeister, 1207 – 1273)

Der mystische Weg der Innerlichkeit bedeutet daher nicht Rückzug oder gar Weltflucht; im Gegenteil: Es ist ein Heraustreten bzw. Herausgerufenwerden aus einer imaginären, illusorischen (eingebildeten) Welt eigener, beengender Vorstellungen, Theorien und Meinungen, die uns nicht nur von der Welt an sich, sondern auch vom Göttlichen als der „einen Wirklichkeit" (Willigis Jäger) trennt. D.h., im Grunde befinden wir uns in der Fremde, und damit sind wir auch uns selber fremd geworden. Der mystische Weg führt uns wieder zurück, dorthin, wo wir wirklich sein können und zuhause sind. Wo wir eins sind – mit uns, mit der Welt, mit den Menschen – und zwar „in uns"! Jegliche Trennung, die im Grunde ja nur eine optische Täuschung ist, wird durchschaut und damit überwunden: „Ich bin Du!" heißt es bei Rumi.

Diese Einheitserfahrung führt zu einer neuen Verhaltensweise, zu großer Offenheit, Ehrlichkeit und Wahrhaftigkeit mit sich selbst. Aber da es keine Trennung mehr gibt, trägt auch diese Haltung von Offenheit und Wahrhaftigkeit durch in die Welt hinein. Dieses neue ethische Verhalten stützt sich nicht zunächst auf Gebote oder Dogmen, sondern sie wurzelt in natürlicher Weise unmittelbar im „Wesen" des Menschen, das eins ist mit dem göttlichen Urgrund, im Sinne von Meister Eckhart, dem „Lebemeister": Mein Grund und Gottes Grund ist ein Grund! Folgerichtig spricht die Mystik: „Liebe Deinen Nächsten, denn Du bist es selbst!" in Anlehnung des Hauptgebotes der Gottes- und Nächstenliebe.

Noch ein anderer Aspekt mystischen Lebens wird erkennbar. Diese Erfahrung des Einsseins mit dem göttlichen Ursprung und gleichsam mit sich und der Welt, beschreibt Meister Eckhart als „Gottes Geburt" im Menschen, das zentrale Thema von ihm. Es ist eine völlig neue und unmittelbare Erkenntnisweise Gottes im Menschen. Gleichzeitig ist es ein tiefes Erkennen und Erfassen der Göttlichkeit des Menschen. Die Voraussetzung dieser „doppelten Geburt" ist der Tod der egozentrischen Lebensweise des Menschen. Es bedeutet den „Tod des Ichs, das gerne etwas hätte, etwas wüsste und etwas wollte" (Johannes Tauler, 1300 – 1361). Diese Erkenntnis der Gottes- und Menschengeburt ist das Fundament der im Grundgesetz verankerten unantastbaren Würde eines jeden Menschen, unabhängig seiner Herkunft oder Religion. Der Mensch wie jedes Geschöpf ist „gewollt", eine reine Manifestation der göttlichen Wirklichkeit.

In diesem Sinne sprach Alfred Delp (geb. 1907, hingerichtet am 2.2.1945) von der „Über-Fülle" Gottes in der Welt. Sinngemäß schreibt Delp: Wenn wir doch den Mut aufbrächten, die schwierigen wie die schönen Augenblicke des Lebens zu durchleben bis zu dem „Brunnenpunkt", wo Gott uns buchstäblich „entgegenquillt". Gott möchte uns in eine Freiheit führen, die wir uns alle zutiefst ersehnen.

Dieses Buch mit den Ansprachen des Autors zu den Feiern des Lebens ist eine Art Wegweiser und vor allem Ermutigung, sich dem Leben immer wieder neu anzuvertrauen, denn immer und überall möchte das Göttliche mit uns in Beziehung treten und Begegnung feiern! Wie schon oben beschrieben: Der Weg beginnt dort, wo Du gerade bist und endet da, wo Du gerade bist – und oft überraschend neu.

*Fernand Braun (*1960),*
seit 2012 spirituelle Leitung der Linie „Wolke des Nichtwissens – Willigis Jäger" auf dem Benediktushof in Holzkirchen/Unterfranken

„Meine Religion ist die Liebe"

Ansprache zur Feier des Lebens, 14.11.2015

„Es gab eine Zeit, da wandte ich mich von all denen ab, die nicht meines Glaubens waren. Jetzt aber ist mein Herz fähig geworden, alle Formen anzunehmen. Es ist eine Weide für Gazellen, Kloster für Christen, Tempel für Götzenbilder und Pilger zur Ka'aba. Es ist die Schrifttafeln der Thora und das Buch des Korans. Meine Religion ist die Liebe: Welchen Weg auch immer die Karawane der Liebe nehmen möge, es ist der Weg meines Glaubens."

*Sufimeister Ibn ʿArabi, *7.8.1165 in Murcia, + 16.11.1240 in Damaskus*

Die Mystiker/innen bleiben nicht an der Oberfläche stehen. Sie gehen nicht nur in die Breite, sondern ebenso in die Tiefe. Sie fragen ohne Umschweife nach dem Kern von Religion und Weisheit, von der Negativen Theologie, für die das Göttliche unerkennbar und unaussprechlich ist, und von der philosophia perennis, für die Mystik eine unverfügbare und unversiegbare geistige Quelle ist. Auch Mystik hat eine Lehre *und* eine Praxis, wobei dem Meister Eckhart der Lebemeister wichtiger als der Lesemeister ist. – Warum?

In der Mystik geht die Tiefenerfahrung dem Sprechen und Lehren voraus. Mystiker/innen haben also etwas Unabdingbares und Ursprüngliches erlebt, das sie derart ergriffen hat, daß sie darüber sprechen müssen, auch wenn sich die Sprache immer wieder entsagt.

So muß es auch dem maurischen Philosophen und Sufimeister Ibn ʿArabi ergangen sein. Sein Herz wurde fähig, niemanden auszuschließen. Unterschiedslos hatten darin alle Gläubigen, egal welcher Religion und welchen Bekenntnisses, weiten Raum. Sein Herz war eine Weide für die anmutigen Gazellen, ja für die Tierwelt, geworden, es war ein Tempel für Götzenbilder und Bildlosigkeit, es war die Thora und der Koran. So Verschiedenes war in seinem Herzensraum versammelt. Wie konnte das möglich sein, ohne dabei verwirrt zu werden?

Ibn ʿArabi ließ sich von Unterschieden und Widersprüchen, Bewertungen und Vergleichen nicht mehr blenden. Natürlich sind die Religionen, ihre Lehren und Bekenntnisse, ihre Riten und Gottesvorstellungen, ihre Institutionen und Traditionen verschieden und oft auch gegensätzlich. So nimmt es unsere Wahrnehmung und unser egomotiviertes Nachdenken auf. In der Verschiedenheit liegt die Ursache für Rechthaberei und Besserwisserei, für Streit und Krieg, für Fanatismus und Rigidität – gerade auch in und zwischen den Religionen, weil in der Dualität immer nur eines wahr sein kann. Entweder hast du Recht oder ich. Den Widerspruch erkennen die meisten Menschen nicht als Wahrheit an. Wahrheit muß für sie widerspruchsfrei sein. So arbeitet nun einmal unser menschlicher Verstand.

Ibn ʿArabi ist als Gelehrter gewiß Kopfarbeiter, er ist aber auch Sufimeister. Er gehört der islamischen Mystik an. Mystiker/innen haben erfahren, daß die geistigen Funktionen des Menschen wie Verstand und Vernunft, Erinnerung und Wollen begrenzt sind und daß unser Denken in Gegensätzen dual arbeitet. Wir erkennen die Nacht im Gegensatz zum Tag. Mystiker/innen haben auch erfahren, daß der Mensch ein transzendierendes Wesen ist, das sich ständig überschreitet, ja noch das Überschreiten kann der Mensch überschreiten. Er kann durch Schweigen, durch Unterbrechen seiner Sinnestätigkeit und durch innere Bewußtseinsentleerung tiefe Erfahrungen machen, die jenseits seiner Ratio und Emotionen liegen. Dafür Worte zu finden, ist schwer. Denn Worte sind an den begrenzten Verstand gebunden. Darum sprechen Mystiker/innen oft in Gleichnissen, Parabeln und Metaphern oder bedienen sich der Poesie, des Gesangs und Tanzes wie die Sufis.

Ibn ʿArabi macht es ebenso; er spricht in Bildern, um seinen universellen Glauben auszudrücken. Im Wesen ist sein religiöser Glaube Liebe, und Liebe ist sein Glaube. Hier hat jemand erfahren, was Religion jenseits ihrer Institutionen, Lehren und Riten ist: Bejahende und barmherzige Liebe. Wo Religion wesentlich ist, dort ist sie gewaltfrei und friedenstiftend.

„Weihnachten ist die Feier unserer Geburt aus dem zeitlosen Seinsgrund"

*Weihnachtsbrief 2012 von Pater Willigis Jäger, *7.3.1925, Benediktiner und Zen-Meister, verlesen in der Feier des Lebens am 19.12.2015 als Mystiktext und anstelle der Ansprache*

„Als ich zum ersten Mal nach Japan kam, staunte ich über Bilder von der Jungfrauengeburt von Siddharta, Shakyamuni Buddha. Seine Mutter hält sich in graziöser Haltung am Zweig eines Sandelholzbaumes fest, und der kleine Shakyamuni tritt aus ihrer rechten Seite heraus. Seine Mutter soll geträumt haben, ein Bodhisattva (eine Gottheit) gehe in ihren Leib ein. Ihr Schoß blieb unverletzt. Nach der Geburt kam ein alter Mann und weissagte, aus diesem Kind werde eine erlösende Gestalt für die Menschheit erwachsen.

Es überraschte mich dann nicht mehr, als ich in Indien die Geburtsgeschichte von Krishna las: ‚Das Haupt der Einsiedler ließ Devaki (die Jungfrau) zu sich rufen und sagte: ‚Der Wille der Devas (der Gottheiten) hat sich erfüllt. Du hast in der Reinheit des Herzens und in göttlicher Liebe empfangen. Jungfrau und Mutter, wir grüßen dich! Ein Sohn wird von dir geboren werden, welcher der Erlöser der Welt sein wird. Aber dein Bruder Kansa sucht dich, um dich zu töten. Die Brüder werden dich zu den Hirten führen. Dort wirst du einen göttlichen Sohn gebären, und du wirst ihn nennen: Krishna, den Gesalbten.'

Später las ich, daß es im ganzen Mittelmeerraum Göttinnen gab, die Jungfrau und Mutter waren. Die Gottessöhne wurden immer von Jungfraumüttern geboren: Horus von Isis, Shakyamuni von Mayedevi und Jesus von Maria. Auch die Geburtsgeschichte Jesu folgt also dem alten **Mythos**.

Diese Erzählungen beziehen sich **nicht auf geschichtliche Tatsachen**. Sie wollen uns vielmehr eine tiefere Wahrheit über uns selbst vermitteln. Es geht an Weihnachten nicht darum, die Geschichtlichkeit der Geburt Jesu zu beweisen. Wer in der Historie stecken bleibt, tötet das Lebendige der Heilsbotschaft. Meister Eckhart fragt daher: ‚Was hülfe es mir, wenn Jesus Christus aus Gott geboren wäre und ich nicht?' - Jesus Christus ist der Typus, an dem ich ablesen kann, wer ich bin: Sohn, Tochter dieses Seinsgrundes, den die Christen Gott nennen.

Die Geburtsgeschichten verkünden uns eine Botschaft für hier und jetzt und über uns. Es ist uralte religiöse Erfahrung, die wir für unsere Zeit zu deuten haben. Wir feiern an Weihnachten uns selber, unser Leben aus dem zeitlosen Seinsgrund. Der Mythos verkündet allen diese Wahrheit. Es ist der Punkt, an dem schon immer in religiösen Gemeinschaften der Neubeginn des Lebens gefeiert wurde. Die Wanderung der Sonne war der Ausgangspunkt. Gottessöhne wurden mit der Sonne identifiziert. Auch Jesus bekam den Beinamen ‚Sol invictus – unbesiegte Sonne‘. Die Nacht ist am längsten, der Tag am kürzesten. Sonne ist Symbol für Licht, das Licht Symbol für unser Wesen. Am Tiefpunkt des Winters kommt die Wandlung. Die Dunkelheit kann das Licht nicht verschlingen. Es breitet sich wieder aus. Der Siegeszug des Lichts beginnt.

Äußerlich kennt der Mensch das seit Urzeiten. Der **Kampf zwischen Finsternis und Licht** findet sich in den meisten Religionen. Das Licht siegt. Der ‚Sol invictus‘, der unbesiegbare Sonnengott, beginnt aufs Neue seinen Siegeslauf. Daher hat auch das Christentum im Jahr 337 nach Christus die Geburt Jesu auf den 25. Dezember gelegt.

Das Kind, das an Weihnachten geboren wird, symbolisiert unser wahres Selbst. Das ist die eigentliche Weihnachtsbotschaft. **Weihnachten ist die Feier unserer Geburt aus dem zeitlosen Seinsgrund.** Meister Eckhart kann daher sagen: ‚Als ich in meiner ersten Ursache stand, da hatte ich keinen Gott, und da war ich Ursache meiner selbst... Da wollte ich mich selbst und wollte nichts sonst; was ich wollte, das war ich... Darum bitte ich Gott, daß er mich Gottes quitt mache; denn mein wesentliches Sein ist oberhalb von Gott, sofern wir Gott als Beginn der Kreaturen fassen.‘"

„Schweigt, er ist schon wirklich hier"

Ansprache zur Feier des Lebens, 9.1.2016

Bachs Weihnachtsoratorium Nr. 45 Chor mit Rezitativ (Alt) [2'28]
Wo ist der neugeborne König der Juden?
Sucht ihn in meiner Brust,
Hier wohnt er, mir und ihm zur Lust!
Wir haben seinen Stern gesehen im Morgenlande
und sind kommen, ihn anzubeten.
Wohl euch, die ihr dies Licht gesehen,
Es ist zu eurem Heil geschehen!
Mein Heiland, du, du bist das Licht,
Das auch den Heiden scheinen sollen,
Und sie, sie kennen dich noch nicht,
als sie dich schon verehren wollen.
Wie hell, wie klar muß nicht dein Schein,
Geliebter Jesu, sein!

Bachs Weihnachtsoratorium Nr. 51 Terzett [5'20]
Sopran: Ach, wann wird die Zeit erscheinen?
Tenor: Ach, wann kommt der Trost der Seinen?
Alt: Schweigt, er ist schon wirklich hier.
Sopran + Tenor: Jesu, ach, so komm zu mir!

Ich stelle mir vor, die 3 Weisen aus dem Land der aufgehenden Sonne wären nicht nur von ihren Astrologen beraten worden, sondern auch von spirituellen Meistern, z. B. von einem Sufimeister oder einem Zenmeister. Es hätte auch Johann Sebastian Bach sein können. Was hätten sie den 3 Weisen geraten? – Auf jeden Fall hätten uns die Meister einen Feiertag vermasselt, nämlich den 6. Januar. Sie hätten den 3 Weisen geraten, bleibt zu Hause. Am Geburtsort des neugeborenen Königs gibt es nichts anderes zu sehen als hier. Der Stern am Himmel sagt es euch. Er ist weithin überall zu sehen und sagt jedem Menschen dasselbe: Heute ist ein König geboren, und das bist du; heute ist eine Königin geboren, und das ist niemand anderes als du. Es gibt nur Königskinder, geboren vom Himmel her – aus der Ewigkeit und Zeitlosig-

keit. Der leuchtende Stern verkündet unsere Menschenwürde und Einmalig-
keit.

Gott sei Dank machten sich die Weisen auf den Weg und bescherten
uns damit einen weiteren Feiertag. Sie wollten überprüfen, ob dem Stern eine
Realität entsprach, ob der Stern einhält, was er versprach. So verhalten sich
Menschen, wenn sie in ihrer Spiritualität unsicher sind. Auch dort scheint
Kontrolle besser als Vertrauen. Und was werden die 3 Weisen in der Vieh-
höhle draußen vor Betlehem gesehen haben? – Sich selbst! Sie erkannten
sich als Königskinder im Spiegel des Gotteskindes. Sie erlebten ihr unveräu-
ßerliches Menschsein, das sie hier offenbar besser erfahren konnten, als
wenn sie daheim geblieben wären. Sie erkannten es in der Armut, d.h. unver-
stellt. Nichts Unwesentliches behinderte den Blick auf die Königswürde eines
jeden Menschen.

Nun kann Johann Sebastian Bach singen, hier ist er. Was in Betlehem
geschah, geschieht genauso heute – „in meiner Brust, / Hier wohnt er, mir
und ihm zur Lust!“ Wir brauchen nicht im Außen zu suchen. Der Sehnsuchts-
stern leuchtet innen.

„Gib das Leiden auf!"

Ansprache zur Feier des Lebens, 13.2.2016

Ein bereits älterer Mönch kam zu einem Zen-Meister und sagte: „Ich habe in meinem Leben eine Vielzahl von spirituellen Lehrern aufgesucht und nach und nach mehr Vergnügungen aufgegeben, um meine Begierden zu bekämpfen. Ich habe lange Zeit gefastet, jahrelang mich dem Zölibat unterworfen und mich regelmäßig kasteit. Ich habe alles getan, was von mir verlangt wurde, und ich habe wahrhaft gelitten, doch die Erleuchtung wurde mir nicht zuteil. Ich habe alles aufgegeben, jede Gier, jede Freude, jedes Streben fallengelassen. Was soll ich jetzt noch tun?" Der Meister erwiderte: „Gib das Leiden auf!"

‚Was ist die ewige Wahrheit?' ‚Geh weiter!' Hrsg. Marco Aldinger, 1998, S. 29

Picasso sagte: „Ich suche nicht, ich finde." Es gibt Menschen, die sind in ihrem Leben permanent auf der Suche – wie dieser alte Mönch. Er hat viele spirituelle Lehrer aufgesucht und sich immer mehr Vergnügungen verkniffen, er hat Verzicht geübt und penibel getan, was von ihm verlangt wurde. Dabei hat er furchtbar gelitten, wie es Asketen und rigiden Menschen widerfahren kann. Doch die Erleuchtung, weswegen der ganze Aufwand getrieben wurde, blieb aus.

Viele suchende Menschen wollen nicht finden. Für mich läßt sich dies gut in der Esoterik- und Psychoszene beobachten. Dafür gibt es eine Esoterikmesse und einen Markt mit hohen Umsätzen, Zentren und Institute, einen entsprechenden Tourismus und ein Therapeuten-, Lehrer- und Meisterhopping. Es wird in vieles hineingeschnuppert, aber ernsthaft kein spiritueller Weg gegangen. Das wäre für manchen zu heiß, denn seriöse spirituelle Wege lösen tiefe innere Prozesse aus. Die wollen verarbeitet und gestaltet sein. Mehr noch: Durch sie verändert sich mein Leben. Vieles kann dann nicht mehr bleiben, wie es ist.

Unser Mönch *wollte* die Erleuchtung, als würde davon Wesentliches abhängen und darin das Ziel seines spirituellen Weges liegen. Niemand hatte ihm eine schnelle Erleuchtung versprochen, im Gegenteil, jeder neue Meister – oder sollten wir besser Pseudomeister sagen? – legte ihm neue Übungen und Lasten auf. Denn für die Erleuchtung gibt es keinen Lichtschalter. Glücklich wurde er damit nicht. Warum?

„… jede Gier, jede Freude, jedes Streben (hatte er) fallengelassen." Das ist ein Generalangriff auf das menschliche Ego. Denn unser Ego möchte ständig etwas haben, etwas wissen und etwas wollen. Dies sind die 3 Egofunktionen. Wird dem Ego weggenommen, woran es hängt, rebelliert es und leistet Widerstand. Dies kennt jeder, der einen guten Vorsatz umsetzen will. Er kann noch so vernünftig sein, wenn die Gefühle aufbegehren, stehen wir im inneren Konflikt, und der kann Kraft und Zeit kosten.

So können wir uns den Mönch als einen Menschen vorstellen, der nicht gerade innerlich gelassen und heiter gestimmt ist. Er sagt selbst, daß er „wahrhaft gelitten" habe. Und es ist nicht auszuschließen, daß die ganze Askese nur ein äußerer Verzicht war, die er diszipliniert, geduldig und mit Anstrengung durchgezogen hat. Gewiß war er ein willensstarker Mann, vermutlich mit einer gewissen Härte gegen sich selbst. Doch eine Erleuchtung kann niemand herbeizwingen; sie geschieht oder geschieht nicht. Und er wollte und will immer noch. Offensichtlich bekam er davon Erleuchtungsstreß. Hier beißt sich die Katze in den Schwanz. Er steht mit seinen äußeren Anstrengungen einer möglichen Erleuchtung selber im Wege.

Der Zen-Meister trifft das Problem mit einem Satz: „Gib das Leiden auf!" Mit anderen Worten, du armer Kerl hast schon so viel aufgegeben und darunter gelitten wie ein Hund und dabei das Wesentliche nicht im Auge gehabt: Das Leiden zu lassen und alles, was dieses sekundäre Leiden auslöst. Du willst haben; diese Anhaftung, diese Identifikation läßt dich leiden.

Wolle, ohne zu wollen! Paulus sagt es ähnlich: Besitze, als besäßest du nicht. In der Spiritualität gibt es keinen Weg und kein Ziel. Spiritualität, die diesen Namen verdient, führt in den Augenblick, in das Hier und Jetzt. Dort ereignet sich mein Leben, nicht in der Vergangenheit und nicht in der Zukunft. Wo sich das Leben ereignet, dort erfüllt es sich.

„Geburtlos bin ich"

Ansprache zur Feier des Lebens, 16.4.2016

Einführung:
Heute steht ein Schöpfungsgedicht aus der hinduistischen Mystik im Mittelpunkt. Es stammt aus den Upanishaden (Kaivalya-Upanishad 17). In diesem Gedicht wird uns Brahman vorgestellt, die höchste Allseele. Zwischen dem Brahman und dem menschlichen Selbst besteht kein Unterschied. Beide bilden eine Einheit.

Brahman, die höchste Allseele,
Des Weltalls großer Ruhepunkt,
Des feinen Feinstes, dies Ew'ge,
Du selbst bist es, und es ist du!

Im Wachen, Träumen, Tiefschlafen,
Was ausgebreitet dir erscheint,
Dies Brahman, wisse, bist selbst du, -
Dann fallen alle Fesseln ab.

In mir entstand das Weltganze,
In mir nur hat Bestand das All,
In mir vergeht es, - dies Brahman,
Das Zweitlose, ich bin es selbst!

Durch alle Veden bin ich zu erkennen,
Vedavollender bin ich, Vedawisser,
Vom Guten frei und Bösen, unvergänglich,
Geburtlos bin ich, ohne Leib und Sinne.

Als junger Mann wuchs ich in die jüdisch-christliche Tradition hinein. Damals gab es für mich einen Schöpfergott. Diesen stellte ich mir als Person und männlich vor, er hatte die Welt erschaffen, lenkte sie mit den Naturgesetzen und wird sie am Ende der Zeit erlösen und vollenden. Dieser Schöpfergott war ewig, ungeschaffen, d.h. ohne Anfang und Ende, und unwandelbar.

Diese religiösen Vorstellungen lebten in mir prägend fort, bis mich Philosophie, Evolutionslehre und Buddhismus aufweckten. Schon im Lateinunterricht hatte ich auf einem katholischen Kolleg gelernt, daß sich die Römer ihre Götter als geboren und sterblich vorstellen konnten, als Wüstlinge und unmoralisch. Antike Schriftsteller und Philosophen konnten die Menschen den Göttern als moralisch überlegen darstellen. Dies ließ mich mit 22 Jahren erstmals aufhorchen.

So wie es am Anfang der Bibel 2 verschiedene Schöpfungserzählungen gibt, kennen auch die hinduistischen Schriften unterschiedliche Vorstellungen über den Beginn der Schöpfung. In unserm Kulturkreis kennen wir die Paradiesesgeschichte und die jüngere Erzählung, die mit den Worten beginnt: „Am Anfang schuf Gott Himmel und Erde." (Gen / 1 Mose 1,1)

Heute erfahren wir aus dem Kaivalya-Upanishad eine hoch spirituelle und philosophische, eine mystische Vorstellung. Sie stammt aus einer Zeit, als sich in der europäischen Antike die Philosophie allmählich aus dem Mythos befreite. Die Brahman-Lehre war damals den antiken Schöpfungserzählungen geistig überlegen.

Brahman ist im Sanskrit das „heilige Wort" oder die „heilige Formel". Dieses Wort ist inhaltsleer und gleichzeitig höchste Potenz. Es ist ewig, rein geistig, unvorstellbar, begrifflich unfaßbar, meistens substanzlos gedacht: „geburtlos bin ich, ohne Leib und Sinne", und damit apersonal.

Hier wird die Welt nicht von einem Gott oder in einem Gott schaffen. „In mir entstand das Weltganze, / in mir nur hat Bestand das All, / in mir vergeht es, ... (Brahman ist) zweitlos". Oder: „... vom Guten frei und Bösen, unvergänglich, / geburtlos bin ich, ohne Leib und Sinne."

Mit anderen Worten: Die Welt verdankt sich Brahman, sie existiert im Ewigen als vergängliche. Noch vielmehr: „... dies Ew'ge, / du selbst bist es, und es ist du." – Kein Unterschied zwischen Brahman und dem menschlichen Selbst! Statt Theismus Monismus. Jedes Wesen ist Brahman. Damit ist dieses hinduistische Schöpfungsgedicht modern und zeitlos. Spinoza, Goethe und der philosophische und spirituelle Atheismus haben Freude an ihm.

Was ist mystisch an diesem Gedicht? – Dieses Gedicht läßt alle sinnhaften und geistigen Vorstellungen und Bilder hinter sich, es transzendiert, übersteigt sie. An der Grenze des Denkens öffnet sich das Tor zu Brahman, zum Ewigen und Bildlosen.

„Heilige Unwissenheit"

Ansprache zur Feier des Lebens, 28.5.2016

*„Die heilige Unwissenheit hat uns einen Gott gelehrt, der unaussprechlich ist;
und zwar weil er durch sein Unendlichsein größer ist als alles, was benannt
werden kann. Und weil dies absolut wahr ist, sprechen wir wahrer von ihm
durch Abtun und Verneinen. Wie auch der große Dionysius wollte, dass Gott
für ihn weder Wahrheit noch Vernunft, noch Licht, noch irgendetwas sei, das
man aussagen kann. Ihm folgen Rabbi Salomon (= Moses Maimonides) und
alle Weisen. Daher ist er (Gott) nach der negativen Theologie weder Vater
noch Sohn, noch Heiliger Geist. Nach ihr ist er nur das Unendliche."*

Nikolaus von Kues, Die wissende Unwissenheit, I. Kap. 26

Alle Religionen und Theologien tun sich mit dem Geist oder dem Heiligen
Geist schwer. Er ist nicht leicht zu fassen. Dabei hat jeder Mensch geistige
Erfahrungen gemacht. Wir kennen sie als Verstand und Vernunft, als Ge-
dächtnis, Willen und Gewissen, als Psyche und Seele. Sobald ich aber erklären will, was z.B. Vernunft und Seele sind, stocke ich und beginne zu stammeln. Geistige Phänomene sind flüchtig. Sie entziehen sich dem Zugriff.
Denn sie haben keine Materie, sind gegenstandsfrei und formlos, haben keine Farbe und keine Verhaltensweise, sie sind nicht zu hören und zu fühlen,
nicht zu riechen und zu schmecken. Empirisch sind sie nicht feststellbar. Und
dennoch sind sie da. Über sie kann nur spekuliert werden; sichtbar sind sie
nicht.

Sie sind da – jeweils im Hier und Jetzt – und doch unverfügbar. Das
fasziniert, und gleichzeitig ist es geheimnisvoll und unheimlich. Wo beides
zusammenkommt, einerseits das Bestaunenswerte, das Bezaubernde und
Bannende und andererseits das Unheimliche, Unberechenbare und Furchter-
regende, da entsteht im Menschen ein „Ort" des Heiligen, des Göttlichen und
Numinosen. Dieser „Ort" im Menschen, der seinerseits kein Ort ist, ist ein
Tempel, ein Heiligtum. Paulus erinnert uns daran, daß unser Leib ein Tempel
Gottes sei.

Die Römer hatten es mit der Formel „tremendum et fascinosum" auf
den Punkt gebracht, was das Empfinden von Religion sei. Der Gläubige ist
einerseits magisch angezogen, berückt und bezaubert und andererseits er-

schrocken, beklemmt und geängstigt. Von Gottesfurcht auch heute zu sprechen, ist berechtigt. Denn sie ist natürlich. Ich kenne keinen Kontemplationsschüler und niemanden, der eine tiefenpsychologisch orientierte Therapie machte, dem Furcht vor dem eigenen Selbst und vor dem Numinosen nicht begegnete. Tremendum et fascinosum sind 2 Seiten derselben Münze. Was spirituell fasziniert, ist nicht faßbar und verwendbar. Ich kann dieses ‚fascinosum‘ nicht steuern, kontrollieren und beherrschen. Verständlich, daß es Angst einflößen kann.

Der Geist kommt in allen Religionen, Weisheitslehren und Weltanschauungen vor. Und da der Geist als unheimlich und dämonisch empfunden werden kann, wird versucht, ihn magisch zu bannen. Die Menschen sprechen dann von Geistern und Dämonen, Hexen und Feen, von geistigen Mächten und Gewalten – wie auch die Bibel, von den Seelen der Verstorbenen, von Engeln und anderen Himmelswesen, die den Kosmos bevölkern. Die Gläubigen beschwichtigen ihre Angst, indem sie den Geist zu einem selbständigen Wesen erklären, das über einen eigenen Willen und über Kräfte verfügt und das stärker sein kann als der Mensch. Auch wenn dies eine Selbsttäuschung ist, so dämpft es doch die Angst vor den unsichtbaren und unberechenbaren Geistern und tröstet. Denn wenn ich den Geist, der angeblich unabhängig von mir existieren soll, magisch gebannt habe, indem ich ihn in eine geistige Vorstellung verwandelt habe, kann ich mir einbilden, mit ihm in Kontakt zu treten. Nun wird gebetet, gefastet, geopfert, rituell gefeiert, gewallfahrtet und Ahnenkult gepflegt – alles mit dem einen Ziel, die Geister günstig und gnädig zu stimmen. Die religiösen Institutionen helfen dabei gern mit ihrem Kult, gewiß aus Eigeninteresse.

Es gibt aber auch eine andere Fährte, den Geist zu verstehen, nämlich, wenn er als Leben und als lebenspendend empfunden und gedeutet wird. Nach dem hebräischen Testament schafft die ruach Jahwes, der Geist Gottes, neues Leben. Diese ruach ist weiblich; wir müßten sie mit „Geistin“ übersetzen.

Aber auch von der ruach Jahwes wird erzählt, daß sie eigenwillig sei. Sie weht – wie der Wind, und sie weht, wann, wie und wo sie will. Auch als Heiliger Geist, sozusagen als guter Geist, durchkreuzt sie unser Leben, unangemeldet und ungebeten. Damit wird der Hl. Geist zum Gegenspieler gewisser Institutionen und ihrer Amtsträger, bestimmter Traditionen, Bräuche und Tabus; aber er wird auch zum Gegenspieler meiner Interessen, Absichten und Begierden. Darum soll der Geist in religiösen Riten eingefangen und gezähmt werden.

Der Mystiker und Humanist Nikolaus von Kues (1401 - 11.8.1464) befreit uns von allen Spekulationen, Phantasien und Selbsttäuschungen über den Hl. Geist. Über Gott lasse sich nichts aussagen; er sei weder Vater noch Sohn noch Geist, sondern unerkennbar. Er ist ausschließlich der Unendliche. Was ich über Gott zu wissen meine, betrifft ihn nicht. Wer Gott erkennen und lieben möchte, muß seine Gottesvorstellungen aufgeben, schweigen und eins werden in der Unendlichkeit.

„Da du ich bist, komm herein"

Ansprache zur Feier des Lebens, 11.6.2016

Es klopfte einer an des Freundes Tor.
„Wer bist du", sprach der Freund, „der steht davor?"
Er sagte: „Ich!" Sprach der: „So heb dich fort.
An diesem Tisch ist nicht der Rohen Ort!"
Den Rohen kocht das Feuer ‚Trennungsleid'.
Das ist's, was ihn von Heuchelei befreit!
Der Arme ging auf Reisen für ein Jahr,
In Trennungsfunken brannt er ganz und gar.
Reif kam dann der Verbannte von der Reise,
Daß wieder er des Freundes Haus umkreise.
Er klopft ans Tor mit hunderterlei Acht,
Daß ihm entschlüpft kein Wörtchen unbedacht.
Es rief der Freund: „Wer steht dort vor dem Tor?"
Er sagte: „Du, Geliebter, stehst davor!"
„Nun, da du ich bist, komm, o Ich, herein.
Zwei Ich schließt dieses enge Haus nicht ein!"

Dschalāl ad-Dir Muhammad ar-Rumi (1207 - 1273)

Das Rumi-Gedicht wirft in der Tradition der Mystik drei Existenzfragen auf:
1. Wer bin ich?
2. Wer bist du?
3. Wodurch werden Menschen zu Freunden?
In der Mystik sind diese 3 Fragen nur formal und äußerlich unterschieden. Inhaltlich gehören sie zusammen, wesensmäßig sind sie sogar eins.

  Ein Freund steht vor verschlossenem Tor und klopft an. Auf die Frage von innen: „Wer bist du, der steht davor?" antwortet der Freund mit „Ich". Darauf bleibt das Tor nicht nur verschlossen, sondern der Draußenstehende wird schroff vertrieben und als roh bezeichnet. Wer roh ist, gilt als ungehobelt, es mangelt an Manieren, Feingefühl und geistiger Intuition. Die Antwort „Ich" ist richtig und unvollständig zugleich. Sie muß keinen Egoismus, Narzißmus oder Egotrip bedeuten. Doch sie ist so kurz wie oberflächlich; sie trifft nicht ins Herz. Sie könnte sogar verletzen, nämlich dann, wenn nur ein preiswertes Quartier gesucht und die Gastfreundschaft ausgenutzt würde, wenn vor allem der Nutzen gesucht würde und nicht die Begegnung von Mensch zu Mensch.

Die Antwort „Ich" fordert die Frage heraus: Wer ist Ich? – Diese Frage lautet nicht: Was ist (das) Ich?, sondern *wer*. Die Frage ist persönlich und zielt nicht auf eine äußere Personenbeschreibung. Im Osten fragen Zenmeister/innen ihre Schüler/innen immer wieder: Wer bist du? Woher kommst du? Warum bist du hier? Wo bist du? Wer sitzt dort, wo du bist? – An der Antwort können die Meister/innen die Reife ihrer Schüler/innen ablesen.

Der Freund bleibt erst einmal draußen. Das ist bitter, und der Hausbesitzer erscheint uns herzlos. Dem Freund fehlt es noch an Reife, Einsicht und Weisheit. Aber wie soll er die erlangen? – Rumi sagt's mehr als deutlich: „Den Rohen kocht das Feuer (namens, G.E.) ‚Trennungsleid'. / Das ist's, was ihn von Heuchelei befreit!" – Der Rohe wird gekocht, er wird innerlich gargekocht durch einen seelischen Schmerz, durch das „Trennungsleid". Der Rohe leidet also an Trennung: an der Trennung von sich, zu den Mitmenschen und zur Welt. Er scheint sein Leiden jedoch noch nicht zu wissen. Erst als das Tor verschlossen bleibt und er vertrieben wird, fühlt er körperlich und psychisch einen schlimmen Schmerz. Es geht ihm auf, daß er ausgeschlossen ist, nicht nur von seinem Freund im Haus drinnen, sondern auch von sich. Er hat mit Worten kommuniziert, aber nicht mit dem Herzen. Gastfreundschaft ist jedoch eine Herzensangelegenheit und keine Dienstleistung, kein Service.

Der Weg zur Erkenntnis und Reife wird oft als Reise erzählt, als ruhelose Wanderschaft, als Odyssee, als Irrfahrt, als zielloses Vagabundieren oder als heldenhaftes Abenteuer. Damit gemeint ist eine innere Reise, eine Entdeckungsreise zu sich selber, zu seinem innersten Wesen. Diese Reisen können die längsten im Leben und schwierig sein. Die Flugmeilen der Außenminister sind nichts dagegen. „Der Arme ging auf Reisen für ein Jahr, / In Trennungsfunken brannt' er ganz und gar."

Ein Jahr lang brennender Seelenschmerz, um reif von der Reise zurückzukehren, als Verbrannter und Verwundeter, der nun von der Heuchelei befreit ist. Jetzt braucht er sich und der Welt nichts mehr vorzumachen. Was mußte auf dieser inneren Reise in Geist und Herz alles verbrannt werden? – Es mußte alles verbrannt werden, was zwischen ihm und seinem Freund stand, was zwischen seinem Ich und seinem Selbst störte. Alle Vorurteile, Absichten und Begierden, alle Neigungen, Wünsche und Erwartungen gingen auf dieser Seelenreise in Flammen auf.

Jetzt kann er es beim Freund nochmals versuchen: „Es rief der Freund: ‚Wer steht dort vor dem Tor?‘ / Er sagte: ‚Du, Geliebter, stehst davor!‘ / ‚Nun, da du ich bist, komm, o Ich, herein. / Zwei Ich schließt dieses enge Haus nicht ein!‘“

Nun öffnet sich das Tor. Der Eingang ist ein breites Tor, keine Tür. Als die Unterschiede zwischen ich und du fielen und sich beide als ein Herz und eine Seele erlebten, öffnete sich nicht nur das Tor, sondern es war Platz für zwei im engen Haus.

Dies ist zugleich ein poetisches Bild für Liebe. Du, Geliebter, bist hier, wo ich bin. Darauf kann die Einladung nur lauten: Du bist ich, „komm, o Ich, herein.“

Die Furcht vergessen

Ansprache zur Feier des Lebens, 16.7.2016

Parabel

Es ging ein Mann im Syrerland,
Führt ein Kamel am Halfterband.
Das Tier mit grimmigen Gebärden
Urplötzlich anfing, scheu zu werden,
Und tat so ganz entsetzlich schnaufen,
Der Führer vor ihm mußt' entlaufen.
Er lief und einen Brunnen sah
Von ungefähr am Wege da.
Das Tier hört er im Rücken schnauben,
Das mußt' ihm die Besinnung rauben.
Er in den Schacht des Brunnen kroch,
Er stürzte nicht, er schwebte noch.
Gewachsen war ein Brombeerstrauch
Aus des geborstenen Brunnens Bauch;
Daran der Mann sich fest tat klammern.
Er blickte in die Höh', und sah
Dort das Kamelhaupt furchtbar nah,
Das ihn wollt oben fassen wieder.
Dann blickt er in den Brunnen nieder;
Da sah am Grund er einen Drachen
Aufgähnen mit entsperrten Rachen,
der drunten ihn verschlingen wollte,
Wenn er hinunterfallen sollte.
So schwebend in der beiden Mitte
Da sah der Arme noch das Dritte.
Wo in die Mauerspalte ging
Des Sträuchleins Wurzel, dran er hing,
Da sah er still ein Mäusepaar,
Schwarz eine, weiß die andere war.
Er sah die schwarze mit der weißen
Abwechselnd an der Wurzel beißen.

Sie nagten, zausten, gruben, wühlten,
Die Erd' ab von der Wurzel spülten;
Und wie sie rieselnd niederrann,
Der Drach im Grund aufblickte dann,
Zu sehn, wie bald mit seiner Bürde
Der Strauch entwurzelt würde.
Der Mann in Angst und Furcht und Not,
Umstellt, umlagert und umdroht,
Im Stand des jammerhaften Schwebens,
Sah sich nach Rettung um vergebens.
Und, da er also um sich blickte,
Sah er ein Zweiglein, welches nickte
Vom Brombeerstrauch mit reifen Beeren;
Da konnt er doch der Lust nicht wehren.
Er sah nicht des Kameles Wut,
Und nicht den Drachen in der Flut,
Und nicht der Mäuse Tückespiel,
Als ihm die Beer' ins Auge fiel.
Er ließ das Tier von oben rauschen,
Und unter sich den Drachen lauschen,
Und neben sich die Mäuse nagen,
Griff nach den Beerlein mit Behagen,
Sie däuchten ihm zu essen gut,
Aß Beer und Beerlein wohlgemut,
Und durch die Süßigkeit im Essen
War alle seine Furcht vergessen.

Du fragst: Wer ist der töricht Mann,
Der so die Furcht vergessen kann?
So wiß, o Freund, der Mann bist du;
Vernimm die Deutung auch dazu.
Es ist der Drach im Brunnengrund
Des Todes aufgesperrter Schlund;
Und das Kamel, das oben droht,
Es ist des Lebens Angst und Not.
Du bist's, der zwischen Tod und Leben
Am grünen Strauch der Welt muß schweben.

Die beiden, so die Wurzel nagen,
Dich samt den Zweigen, die dich tragen,
Zu liefern in des Todes Macht,
Die Mäuse heißen Tag und Nacht.
Es nagt die schwarze wohl verborgen
Vom Abend heimlich bis zum Morgen,
Es nagt vom Morgen bis zum Abend
Die weiße, wurzeluntergrabend.
Und zwischen diesem Graus und Wust
Lockt dich der Beere Sinnenlust,
Daß du Kamel die Lebensnot,
Daß du im Grund den Drachen Tod,
Daß du die Mäuse Tag und Nacht
Vergissest, und auf nichts hast acht,
Als daß du recht viel Beerlein haschest,
Aus Grabes Brunnenritzen naschest.

Friedrich Rückert (16.5.1788 – 31.1.1866)

Ein Kamelführer gerät unversehens in eine ausweglose Situation. Auf der Flucht vor seinem scheuenden Tier klammert er sich in einem Brunnenschacht an einen Brombeerstrauch. Über ihm das schnaubende Kamel, unter ihm der aufgähnende Drachen, auf Augenhöhe ein Mäusepaar, das die Wurzel des Brombeerstrauchs abnagt, an dem er hängt. Er schwebt jammerhaft in der Brunnenmitte ohne Aussicht auf Rettung, den Tod vor Augen, als er reife Beeren entdeckt, sie wohlgemut ißt und durch ihre Süßigkeit seine Furcht vergißt.

Vergleichbare Situationen werden im Alten Orient erzählt. Es sind spirituelle Weisheitserzählungen, die der Mystik zugeordnet werden können. Doch Friedrich Rückert, der eine dieser Erzählungen, die als Makame (= arab. Reimprosa) verfaßt war, übersetzte und als Parabel nachdichtete, interpretiert sie nicht mystisch oder seinsmäßig (ontologisch), sondern moralisch. „Du fragst: Wer ist der töricht Mann, / Der so die Furcht vergessen kann?" Dieser „töricht Mann" kann jeder sein. Und wer so leichtsinnig, gedankenlos und nachlässig ist, der ist selbst ein Kamel: „Daß du Kamel die Lebensnot / ... / Vergissest ...", nur um „viel Beerlein" zu haschen und dabei nicht merkst, daß du „Aus Grabes Brunnenritzen naschest."

Der Spätromantiker Rückert war aufgeklärt und skeptisch. Manches ist bei ihm pessimistisch; der Religion scheint er zu mißtrauen. Sein Blick gilt der nackten Realität: „Und das Kamel, das oben droht, / Es ist des Lebens Angst und Not. / Du bist's, der zwischen Tod und Leben / Am grünen Strauch der Welt muß schweben."

Wie würde beispielsweise ein Zenmeister diese Erzählung interpretieren? – Er würde mit Rückert den Realismus teilen und gleichzeitig die Realität anders sehen. Die ausweglose Situation, die geradewegs in den Tod führt, würde er unkommentiert sich selbst überlassen; sie ist, was sie ist und wie sie ist. Der Zenmeister weiß, wodurch Leid und Furcht entstehen. Er schneidet seine Gedanken von der todbringenden Gefahr ab und läßt sie erlöschen. Dadurch wird er wieder frei und kann die süßen Beeren genießen. Er genießt sie im Augenblick, ganz im Hier und Jetzt, ohne sich um das Unausweichliche zu kümmern. Dieser Genuß ist pures Leben.

Die jeweilige Realität ist mein vorgegebener Umgebungsrahmen. Wenn ich sie nicht bewerte oder gar verurteile, bin ich nicht gebunden, sondern frei. Die Situation mit Leid und Furcht hat nicht mich ergriffen, sondern ich schwebe, nicht in der Enge des Brunnenschachts, sondern in der Weite des Seins.

Die eingeschlossene Buddha-Natur befreien

Ansprache zur Feier des Lebens, 6.8.2016

Es heißt, daß der Buddha nach seiner Erleuchtung auch uns die Natur des Geistes zeigen wollte, daß er all das mit uns teilen wollte, was er selbst verwirklicht hatte. In seinem unendlichen Mitgefühl erkannte er aber gleichzeitig auch, wie schwer es uns fallen würde zu verstehen. Denn obwohl wir dieselbe Natur besitzen wie der Buddha, haben wir sie doch nicht erkannt, weil sie so verschlossen und eingehüllt ist in unserm individuellen, gewöhnlichen Geist.

Stellen Sie sich eine leere Vase vor: Der Raum innen ist der gleiche wie der Raum außen. Nur die zerbrechlichen Wände der Vase trennen den einen vom anderen. Unser Buddha-Geist ist eingeschlossen von den Wänden unseres gewöhnlichen Geistes. Aber wenn wir Erleuchtung erlangen, dann ist es, als ob die Vase zerspringt. Der Raum innen verschmilzt augenblicklich mit dem Raum außen. Sie werden eins. In diesem Moment erkennen wir: Sie sind niemals getrennt oder verschieden gewesen; sie waren immer schon dasselbe.

*Sogyal Rinpoche, *1948*

Als ich noch im Kirchendienst arbeitete, begann Bischof Josef Homeyer aus Hildesheim seine Schreiben an die Mitarbeiter/innen wie folgt: „Sehr geehrte Geistliche und Diakone, sehr geehrte Pastoralreferent/innen, sehr geehrte Gemeindereferent/innen, sehr geehrte Mitarbeiter/innen im kirchlichen Dienst". Die Hierarchie ist klar und eindeutig. Die Einbahnstraße führt von oben nach unten. Warum schrieb er nicht einfach: „Sehr geehrte Kolleg*innen" oder noch einfacher: „Sehr geehrte Geistliche"? Im katholischen Kirchendienst gibt es keine Gleichheit. Oben stehen die Bischöfe und Amtspriester. Schon die Diakone, die ebenfalls geweiht sind und dem Klerikerstand angehören, wurden nicht mehr als Geistliche bezeichnet. Als Geistliche wurden ausschließlich die leitenden Würdenträger angesprochen.

Ist der Rest der Menschheit nun ‚geistlos' bzw. von allen guten Geistern verlassen? Die offizielle Kirchenlehre sagt, in der Taufe werde der Heilige Geist verliehen. Er ist also offenbar kein Besitz, sondern lediglich eine Leihgabe, und Geliehenes kann bekanntlich zurückgefordert werden. Sind also nur die Getauften Geistträger, die anderen 68% der Menschheit nicht? Warum tragen nicht alle Christ/innen den Ehrentitel „Geistliche" bzw. "Geistlicher" – aufgrund ihrer Taufe?

Für den tibetischen Meditationsmeister und Lehrer Sogyal Rinpoche scheint es diese peinliche und unsinnige Diskussion nicht zu geben. Er unterscheidet nur formal zwischen dem Geist, der in jeder Erleuchtung als Buddha-Geist zutage tritt, und dem „gewöhnlichen Geist", mit dem wir unsern Alltag bewältigen und der uns vom Buddha-Geist trennt. Aber es ist immer ein und derselbe Geist. Wenn die Gefäßwände der Vase (endlich) zerbrechen, gibt es kein künstliches „innen" und „außen" mehr. Augenblicklich verschmilzt beides, und die Erleuchtung besteht darin, daß dem Menschen aufgeht, alles ist eins, und es ist immer eins gewesen. Den Erleuchteten fällt es wie Schuppen von den Augen, daß alles „niemals getrennt oder verschieden gewesen" ist. Was wir im Alltagsbewußtsein als individuell, einzigartig und subjektiv erfahren, ist in Wirklichkeit „immer schon dasselbe" gewesen.

Auch in der christlichen Mystik gibt es Bilder für das Verschmelzen, wo Mystiker/innen die Welt als Einheit und nicht dual erleben. Wenn das Sonnenlicht in einen Raum durch 2 verschiedene Fenster einströmt, verschmelzen beide untrennbar zu einem Licht. Im Raum kann nicht mehr unterschieden werden, durch welches Fenster das Licht einfiel. In den katholischen Meßfeiern gibt es einen kleinen mystischen Ritus. Bei der Gabenbereitung wird Wasser in den Wein gegossen. Danach lassen sich Wein und Wasser nicht mehr trennen – wie bei einer Schorle. Dies Symbol soll sagen, wenn Gott in den Menschen einströmt, verschmelzen Gottheit und Menschheit zu unauflösbarer Einheit. Bei diesem Ritus wird fast immer geschludert. Die versammelte Gemeinde ist mit Singen beschäftigt statt staunend und schweigend beizuwohnen.

Kirchliche Religiosität und die tibetische Nyingma-Tradition sind hier meilenweit voneinander entfernt. Nach der Kirchenlehre sendet Gott seinen Geist. Durch Gottes souveränes Handeln wird der Mensch zum Geistträger. Im Nyingmapa gibt es keinen Gott, keinen außerirdischen Geist und daher auch keinen Dualismus von Gott und Mensch. In der Nyingma-Tradition wird die Welt nondual als Einheit gedacht, sozusagen monistisch. Der Mensch ist dort „geistlich" von Anfang an, von Geburt an, auch wenn er es nie erkennen sollte. Er ist wie der Fisch im Ozean, dem nicht aufgeht, daß er im Wasser lebt und daß er nie anderswo gewesen ist. In der Nyingma-Tradition ist der

Mensch und jedes Geschöpf eine Manifestation, ein Sichtbarwerden des einen Geistes.

Die zerspringende Vase ist im Osten ein Sinnbild für Erleuchtung. Geistig ist es das Widerfahrnis, daß unsere Gedanken und Gefühle Illusionen sind; sie sind wie Sprechblasen, gefüllt mit Bedeutungen, Inhalten und Wünschen, oft randvoll und begriffsschwer. Wir leben im Alltag in der Realität, aber nur selten in der Wirklichkeit. Die Aufgabe der Meister/innen ist es, die Menschen zu bewegen, die Vasen zerspringen, die Vorhänge zerreißen zu lassen und die Horizonte zu öffnen, damit sie erkennen, wessen Geistes Kind sie sind.

Sei Schale, nicht Kanal

Ansprache zur Feier des Lebens, 24.9.2016

Wenn du vernünftig bist, erweise dich als Schale und nicht als Kanal, der fast gleichzeitig empfängt und weitergibt, während jene wartet, bis sie gefüllt ist. Auf diese Weise gibt sie das, was bei ihr überfließt, ohne eigenen Schaden weiter. Lerne auch du, nur aus der Fülle auszugießen, und habe nicht den Wunsch, freigiebiger zu sein als Gott. Die Schale ahmt die Quelle nach. Erst wenn sie mit Wasser gesättigt ist, strömt sie zum Fluß, wird sie zum See. Du tue das Gleiche! Zuerst anfüllen und dann ausgießen. Die gütige und kluge Liebe ist gewohnt überzuströmen. Ich möchte nicht reich werden, wenn du dabei leer wirst. Wenn du nämlich mit dir selber schlecht umgehst, wem bist du dann gut? Wenn du kannst, hilf mir aus deiner Fülle; wenn nicht, schone dich.

Bernhard von Clairvaux (1090 – 20.8.1153)

Bernhard von Clairvaux war ein Mitbegründer des Zisterzienserordens. Unsere Ordensschwestern in Baden-Baden - Lichtenthal gehören dem weiblichen Ordenszweig an. Wenn neue Orden entstehen, ist dies ein Zeichen, daß Mißstände aufgetreten sind und Reform nottut. Früher breiteten sich Reformorden in der Regel rasch aus. Sie lösten eine Aufbruchsstimmung aus und zogen vor allem junge Leute an.

Wir hörten als Lesung einen Briefausschnitt aus der Feder des Bernhard von Clairvaux. Diesem Brief sind noch der Zauber und der Aufschwung des Neustarts anzumerken. Ein Mitbruder Bernhards war in ein Leitungsamt gewählt worden. Die Mitglieder von Reformorden waren gefragte Leute in Kirche und Politik. Sie waren kreativ, innovativ, motiviert. Sie brachten frischen Wind. Da kommt es bis heute öfters vor, daß Leidenschaft zum Eifer wird. Hier lauert die Gefahr, daß Reformer übereilt handeln, ihre Mitmenschen überfordern, vielleicht sogar ungeduldig und rigoros werden und Widerstand auslösen, obwohl sie doch nur das Beste für alle wollen. Aber noch eine zweite Gefahr lauert im Reformeifer. Viele Reformer stürzen sich in die Arbeit. Das kann blind machen. Sie verlieren das rechte Maß und übertreiben es mit der Arbeit. Die Geschichte ist voller Beispiele, daß Reformer sich ausbeuteten, ausbrannten und teils schwer krank wurden. Dies war auch dem

Bernhard passiert. Er hatte sich ein Magenleiden zugezogen, offenbar eine psychisch-somatische Erkrankung, ja eine Behinderung infolge von Dauerstreß.

Derselben Gefahr unterliegt Bernhards Mitbruder, um den er sich sorgt. Er schreibt ihm einen einfühlsamen, liebevollen Brief. Kein Tadel, keine Kritik, keine Rüge. Bernhard bietet ihm in aller Verbindlichkeit und Ernsthaftigkeit das Symbol der überfließenden Schale an, einer Schale, die zugleich empfängt und weitergibt, aber nicht gibt, ohne empfangen zu haben. Nur vom Überfluß solle der Mitbruder geben, mehr nicht. Niemals solle er ausfließen. Wer ausfließt und blutleer wird, hat sich und die Selbstliebe aus dem Blick verloren. Wer sich schädigt, nützt allen wenig und kann den andern nur schwer gut sein. Bernhard verbietet sozusagen die Selbstaufopferung. Schauen wir nochmals auf die Wasserschale: Sie strömt und ruht zugleich; niemals sollte sie strömen, ohne gleichzeitig zu ruhen. In der Ruhe liege die Kraft, weiß der Volksmund.

Geschickt argumentiert Bernhard weiter, indem er seinen Freund auf sich lenkt. Bernhard will von ihm nichts, was ihn überanstrengt. Bernhard macht ihm weder ein schlechtes Gewissen noch hält er ihm eine Moralpredigt, nein, er will, daß sich der Freund bei Überlastung aus eigenem Entschluß schont.

Bernhard starb 1153. Damals gab es noch keine Psychologie. Diese ging noch in der Menschenkenntnis, in der Seelenführung und in der Weisheit auf. Wir hörten heute dafür ein Meisterbeispiel. Bernhard von Clairvaux war Liebesmystiker. Mystiker gehen einen initiatischen Weg von außen nach innen. Sie hören zuerst auf die innere Stimme, bevor sie handeln. Wir können nicht die Zeit anhalten, aber wir können innehalten. So kann uns der Augenblick sagen, was wirklich nottut.

„Abgeschiedene Lauterkeit kann nicht beten"

Ansprache zur Feier des Lebens, 22.10.2016

Abgeschiedene Lauterkeit kann nicht beten,
denn wer betet, der begehrt etwas von Gott,
das ihm zuteil werden solle,
oder aber begehrt, daß Gott ihm etwas abnehme.
Nun begehrt das abgeschiedene Herz gar nichts,
es hat auch nichts, dessen es gerne ledig wäre.
Deshalb steht es ledig allen Gebetes,
und sein Gebet ist nichts anderes,
als einförmig zu sein mit Gott.
Das macht sein ganzes Gebet aus.

Meister Eckhart (um 1260 – 1328)

Dieser wunderbare Predigttext von Meister Eckhart wird immer wieder mißverstanden. „Abgeschiedene Lauterkeit kann nicht beten ...". Durch die Mystikgeschichte zieht sich wie ein roter Faden die Forderung der Weisheitslehrer/innen, Spirituale und Meister/innen an die Schüler/innen, immer wieder innezuhalten, zu schweigen und innerlich leer und frei zu werden. Selbst beim Beten sind die meisten Menschen nicht demütig und nehmen sich noch wichtig. Auch beten kann egoistisch sein. Dem „lieben Gott" werden die Ohren vollgequasselt mit all dem, was er in seiner behaupteten Allwissenheit sowieso wissen müßte. Mit Gott wird gesprochen, als hätte er Ohren, als müßte er erinnert und belehrt werden, als könnte er mich übersehen. Und wenn er angeblich anders handelt, als gebeten und vorgeschlagen wurde, ist man enttäuscht, aber nicht im positiven Sinn, daß man um eine Täuschung ärmer ist. Im Gegenteil, in der Regel wird sich die neue Situation zurechtgeredet: „Er wird schon wissen, was er tut; wer weiß, wozu es gut ist." Klüger scheint man nicht geworden zu sein und demütig auch nicht. Vermutlich wird weiter gebetet wie bisher.

Eckharts Worte sind deutlich: Wer betet, begehrt. Begehren, haben und wissen wollen sind das unaufhörliche Streben des Egos. In der Welt hat dies seinen notwendigen Platz, freilich mit Maß und Ordnung, mit Achtsamkeit und

Liebe vor der ganzen Natur. Aber im Gebet ist es fehl am Platz. Eckhart emp-
fiehlt das apophatische Gebet. Es geht von der Erfahrung aus, daß Gott unerkennbar und daher unaussagbar ist. Kein Name trifft auf ihn zu, er ist un-
begreifbar. Dem sollte das Gebet entsprechen.

Das apophatische Beten befreit von den vielen Worten, löst sich von
der Sprache – ins Schweigen und in die Stille hinein. Jedes Wort, jedes Bild
und jedes Gefühl steht zwischen dem, was wir Gott nennen, und mir. Es ist
ein Hindernis vonseiten des Menschen. Es versperrt die direkte Beziehung
und verhindert das Einförmig-werden mit Gott.

„Nun begehrt das abgeschiedene Herz gar nichts", predigt Meister Eckhart. Warum? – Dieses Herz ist völlig frei, weil leer. „… (das Herz) hat auch
nichts, dessen es gerne ledig wäre." Es ist wunschlos glücklich. Und weil dieses Herz ledig ist, d.h. frei, ist sein Mitteilungsbedürfnis gestillt. Es gibt nichts
mehr zu sagen, mitzuteilen, zu informieren und zu klären, und auch nicht zu
wünschen, zu fordern, zu klagen und zu betrauern. Wo die Worte sich entsa-
gen, die Bilder nur noch täuschen und die Gefühle nur noch vorspiegeln, be-
rührt der Mensch die göttliche Sphäre. Dort beginnt er einförmig zu werden.
Dies ist die tiefste Weise des Betens. Sie heilt von Unruhe und Selbstüber-
schätzung.

Mit leichtem Herzen seinem Weg folgen

Ansprache zur Feier des Lebens, 12.11.2016

Der Einfältige nimmt sich weder wichtig noch findet er sich tragisch. Er folgt seinem Weg als gutmütiger Mensch mit leichtem Herzen, ohne Ziel, ohne Bedauern, ohne Ungeduld. Die Welt ist sein Königreich, und es genügt ihm vollkommen. Die Gegenwart ist seine Ewigkeit, die ihn überglücklich macht. Es gibt nichts zu beweisen, und deshalb will er niemandem etwas vormachen. Es gibt nichts zu suchen, weil alles schon vorhanden ist. Was gäbe es Einfacheres als die Einfachheit? Genau das ist die Tugend der Weisen und die Weisheit der Heiligen.

*Matthieu Ricard, *1946,*
buddhistischer Mönch, Molekularbiologe und Zellulargenetiker

Der Einfältige – kein argloser, ungebildeter oder gar beschränkter und debiler Mensch, wie Matthieu Ricard meint. Daher findet sich der Einfältige nicht tragisch. Im Gegenteil: Er lebt einfach, natürlich, ungekünstelt und schlicht. Einfalt als innere Haltung, als Verhalten und als Tugend ist die Rückkehr zur Einfachheit. Einfalt ist die Gewißheit, daß die Welt in ihrer bunten Vielfältigkeit letztlich eins ist, daß alles einen gemeinsamen Ursprung hat und jeder Dualismus, auch der von Gott und Welt, nur ein Gedankengebäude des Menschen ist und daher Illusion, eben eine Selbsttäuschung.

Die Einfältigen gehen mit leichtem Gepäck durchs Leben
. Erfolg, Nutzen und Gewinn sind keine Synonyme für Einfachheit. Die Einfältigen – sie belasten sich nicht mit Zielen, Karriere, Besitz- und Machtstreben. Sie gehen „mit leichtem Herzen, ohne Ziel, ohne Bedauern, ohne Ungeduld“, wie Ricard sagt. „Die Welt ist (ihr) Königreich, und es genügt (ihnen) vollkommen.“ In dieser Haltung haben sie (schon) alles gewonnen. Nichts fehlt. Sie scheren sich nicht um die Vergangenheit, die unwiederbringlich vorbei ist, und sorgen sich nicht um die Zukunft, die ungewiß ist. „Die Gegenwart ist (ihre) Ewigkeit, die (sie) überglücklich macht.“

Die Einfältigen leben im Augenblick, genau dort, wo das Leben quillt. Es gibt keinen anderen Lebensort als diesen Moment. Wer nicht im Hier und Jetzt ist oder sein kann, verpaßt das Leben, verpaßt *sein* Leben. Es gibt kein Leben im Gestern und Morgen. Die Zukunft liegt nicht in der Vergangenheit, und die Vergangenheit wiederholt sich nicht eins zu eins in der Zukunft. Darum sagte ein Kabarettist: „Es muß sich viel ändern, damit alles beim alten bleiben kann.“

Die Einfältigen gehen ihren „Weg als (gutmütige Menschen)“. Sie sind keine Kopie, kein Abziehbild, keine Mitläufer. Sie folgen dem Lebensfluß selbstbestimmt und lassen sich weder vom eigenen Ego noch von außen verführen. Da sie sich nicht ablenken oder beständig kompensieren und projizieren müssen, leben sie genügsam aus dem Selbst. Wer aus dieser Mitte lebt, wird gewahr, daß es nichts zu suchen gibt, „weil alles schon vorhanden ist.“ „Es gibt nichts zu beweisen“, daher muß nicht missioniert, überzeugt und vorgetäuscht werden.

Matthieu Ricard ist Franzose und buddhistischer Mönch. Er lebt dem Westen vor, daß eine Religion ohne Gott nicht nur möglich, sondern toleranter ist. Indem er die transpersonalen Erlebnisse, die auch jede Religion kennt, nicht mehr deutet, bewertet und beurteilt, entsteht ein Freiraum für eine großartige Liebe und Ethik jenseits von Sym- und Antipathien und krankhaftem Narzißmus.

„Verzichte, und genieße das Leben"

Ansprache zur Feier des Lebens, 17.12.2016

Verzichte, und genieße das Leben – dies ist eine Grundbotschaft der Mystiker aller Religionen. Durch Verzicht erreichen wir innere Freiheit und lassen dem Geist Raum, damit er unser Leben verwandelt. Um diesen Verwandlungsweg zu verdeutlichen, spricht Jesus vom Werdegang des Weizenkorns (Joh 12,24).

Das Weizenkorn hat zwei Möglichkeiten: Bleibt es in der Getreidedose, so endet sein Leben im Backofen; läßt es sich jedoch aussäen, dann wird es zur Mutter von Hunderten von Körnern. Der zweite Verwandlungsweg verlangt, dass das kleine Korn seine vorläufige Sicherheit aufgibt. Auf die Wärme und Geborgenheit, die es in der kleinen dunklen Welt der Dose erlebt, muss es verzichten, wenn es in die Freiheit der Sonnenwelt hineinwachsen will.

Verzichten macht uns Menschen innerlich frei. Meister Eckhart bezeichnet das als Abgeschiedenheit. Auch „wenn der äußere Mensch sich in vielen Betätigungen befindet, bleibt doch der innere Mensch davon gänzlich frei und abgeschieden".

*Pater Sebastian Painadath SJ, *1942,*
Erkenne deine göttliche Natur, 55 Meditationen, Vier-Türme-Verlag, Münsterschwarzach ²2016, S. 84.

Es ist leicht gesagt: „Stirb und werde!" Wie oft wird Hermann Hesse (1877 – 1962) in guter Absicht zitiert: „Nimm Abschied und gesunde!" Beide Weisheiten klingen plausible. Doch ist uns schon einmal aufgefallen, daß das ‚stirb' vor dem ‚werde' steht und das ‚Abschied nehmen' vor dem ‚gesunden'? Hätten wir es nicht lieber umgekehrt: Zuerst ‚werden', um dann aus einem Prozeß des Reifens und der Selbstvergewisserung zu sterben, d.h. Lasten abzuwerfen und sich von Zwängen zu befreien? Wollen wir nicht lieber zuerst gesund, fit und leistungsfähig sein, um dann uns von lähmenden Gewohnheiten und überfordernden Ansprüchen zu verabschieden?

Die Weisheitslehrer sagen es anders herum. Zuerst ‚stirb', beginne mit dem Abschied nehmen. So sagen es auch die Mystiker, Spirituale und Psychotherapeuten. Das Werden, der Prozeß, die Entwicklung werden meist durch die vertrauensvolle Hingabe ausgelöst. Gestautes Wasser kann nicht fließen. Viele Menschen gleichen einem Stausee. Sie sind voller Energie, aber es kommt nur wenig in Fluß. Das ist schade. Denn gestaute Energie macht Innendruck und Streß, sie hemmt und verhindert. So bleiben viele Menschen hinter ihren wahren Möglichkeiten weit zurück. Sie leben im Uneigentlichen, abgeschnitten von sich selbst.

In der Mystik finden wir weltweit das Symbol vom Samenkorn, das in die Erde fällt und dort stirbt, um reiche Frucht zu tragen. Die Botschaft heißt: Halte nicht fest und vertraue dich dem ewigen Wandel an! Im Leben steht nur eines fest, und das ist der Wandel. Dauerhafter Bestand ist eine Illusion.

Verzicht, Armut, Abgeschiedenheit bezeichnen in der westlichen Mystik den inneren Weg zur Fülle des Lebens. „Verzichte, und genieße!" sagt der indische Jesuitenpater Sebastian Painadath. Genießen ist eine Kunst. Wer genießt, ist im Augenblick und bei der Sache. Für einige Momente ist alles andere ausgeklammert. Beim wahren Genuß ist das innere Räderwerk aus Gedanken und Gefühlen zur Ruhe gekommen. Es wird im Genuß gestillt. D.h., es tauchen nicht neue Wünsche, Sehnsüchte und Bedürfnisse auf.

Dafür steht in vielen Kulturen das Symbol der Jungfrau. Es darf nicht biologisch, moralisch oder sexistisch mißdeutet werden. Jungfrau meint, in uns Menschen gibt es eine Sphäre, wo wir unberührt sind und bleiben; dort sind wir empfänglich für das Göttliche, dort will Gott in jedem Augenblick in uns geboren werden, wie Meister Eckhart sagt.

Verzicht ist gewiß eine innere Übung. Sie verlangt Mut, Disziplin und Geduld und schenkt Freiheit und Unabhängigkeit. Mehr noch: Wo der Mensch von seinen Absichten, Wünschen und Plänen unberührt ist, ist er paradoxerweise am empfänglichsten und empfindsamsten. Dort ist die Liebe grenzenlos. An Weihnachten wird dieses Paradox gefeiert.

Stilles Wort

Ansprache zur Feier des Lebens, 14.1.2017

„Da alle Kreaturen sich mitten im Schweigen befanden,
da sprach Gott sein stilles WORT zu meiner Seele."
So auch muß alles, was im Geist und im Leib ist,
in Frieden und in Ruhe versetzt sein.
Wer dahin kommen soll,
der muß den Hirten gleich sein,
die des Nachts wachten,
als Christus der Herr geboren wurde.
Ebenso muß der Mensch beharrlich
wach sein im Gemüt.

Deutsche Mystik, Pf Tractate 8, S. 481,22-28

Der anonyme Autor scheint zu wissen, wovon er spricht. Als alles ringsum schwieg, außen und innen, da sprach Gott sein Wort – ein stilles Wort – zu seiner Seele. Der Autor war ein Empfangender, und er konnte dieses geräuschlose Wort nur im Schweigen vernehmen. Er hörte es mit den Ohren seiner Seele; nicht mit den körperlichen, psychischen und geistigen Ohren, auch nicht mit den Ohren des Herzens, geschweige denn mit den Ohren des Egos. Er hörte es in seinem tiefsten Grund, dort, wohin kein Auge mehr schaut. Dort widerfuhr ihm ein göttliches Wort, ein einziges, kein Satz und kein Redeschwall. Dort genügt ein einsilbiges Wort.

In der altchristlichen Tradition gibt es die Vorstellung, daß in der Heiligen Nacht die ganze Welt im wachen Schweigen liegt bis zum Jubel der Engelchöre: „Gloria in excelsis Deo". In diesem spirituellen Schweigen geschieht die göttliche Geburt, nicht etwa vor 2000 Jahren in Betlehem, sondern in der einzelnen Seele jeder Kreatur. Das Wort, das Gott ist, wie das Johannesevangelium sagt, gebiert sich in jedem von uns, wird leibhaftig, nimmt unsere Gestalt an und geht in uns in paar Jahrzehnte über diese Erde. Diese Geburt geschieht fortwährend, in jedem Moment. Weihnachten, d.h. die göttliche Geburt, ist immer. Einmal im Jahr erinnern und feiern Christ/innen und spirituelle Menschen 40 Tage lang – von Heiligabend bis zu Mariä Lichtmeß (heute: Darstellung des Herrn im Tempel) am 2. Februar -, daß sie einen doppelten Ursprung haben, aus ihren Eltern und aus Gott, und daß sie göttlichen Ursprungs und daher göttlichen Wesens sind. Wer dies im tiefen Schweigen und in seiner stillen Seele vernimmt, wird sich seiner unverlierbaren Würde bewußt. Mehr noch: Es geht ihm auf, daß er nie vom Göttlichen getrennt war und sein wird. Wir alle sind „Licht vom Lichte".

Im Schweigen können Ruhe und Frieden liegen. Die Seele kennt beides von Natur aus. Sie muß nicht zum Schweigen gebracht und befriedet werden wie das Herz und der Geist. Darum sind Seelenerfahrungen so wichtig in unserer lauten Zeit. Eine innere Ruhe, die keine Langeweile kennt, voller Mächtigkeit und Fruchtbarkeit. Doch die Seele kann überlagert, vergessen und überhört werden. Darum rät uns der anonyme Autor, auch „was im Geist und im Leib ist, (muß) in Frieden und in Ruhe versetzt sein." Sein Symbol sind dafür die Hirten, die nachts wachten. Hier ist keine Hirtenidylle gemeint! Die gesellschaftlich verachteten Hirten in ihrer Armut werden zum Symbol für beharrliche Wachsamkeit „im Gemüt" und dafür, daß sich das Göttliche am Tiefpunkt der Gesellschaft und der Seele gebiert. Der gesellschaftliche Tiefpunkt versinnbildlicht den seelischen. Ohne Bescheidenheit, ohne Einfachheit und Demut in äußeren und inneren Dingen wird diese Geburt wohl kaum erlebbar werden. Egozentrik und ständige Ablenkungen können die Seele verschütten. Doch das Wachsein in der Seele kann zu einem wesentlichen Leben führen. Dies ist der tiefe Sinn von der Geburt des Gotteskindes - in uns.

Allen Alles werden

Ansprache zur Feier des Lebens, 18.2.2017

Für die Gazellen (bin ich) Weideplatz, für Mönche Kloster,
den Götzen Tempelbau, dem Pilgerkreis die Ka'aba,
Schrifttafeln für die Thora, Seiten dem Koran.
Mein Glaube ist die Liebe: Wo die Karawane
auch hinziehen mag, ist Liebe meine Religion.

Ibn al-Arabi zählt zu den größten Sufimeistern im Islam. Er wurde im spanischen Murcia geboren und starb 1240 in Damaskus. Sufis bezeugen, daß jedes echte Gotteserlebnis eine tiefe Erfahrung der Liebe ist. „Gott ist Liebe" sagt nicht nur die Johannesliteratur des Griechischen Testaments, dies verkünden alle großen Meister/innen und Weisen weltweit. Wenn es keine mich ergreifende und verwandelnde Liebeserfahrung war, kann es nicht göttlich gewesen sein.

Sufis sind religiöse Mystiker/innen. Die Liebe, die sie leben, verkünden und bezeugen, überschreitet das gewöhnliche Maß bei weitem. Das kennen wir auch von Jesus; er drückt es nur anders aus. Liebt nicht nur die, die euch lieben, soll er gesagt haben, wenn dich einer auf die rechte Wange schlägt, halte ihm auch die andere hin, oder wenn dich jemand nötigt, eine Meile mit ihm zu gehen, dann gehe zwei. Diese radikale Sprache war zurzeit Jesu ein bekanntes literarisches, prophetisches und weisheitliches Stilmittel. Es will eine rückhaltlose, vorurteilsfreie, nicht bewertende und nicht vergleichende Liebe ausdrücken. Es ist eine Liebe gemeint, die liebt, weil sie liebt, und nicht anders kann, als zu lieben. Ihr Wesen ist überzufließen, ohne auszufließen. Sie begründet sich aus sich selbst. Letztlich hat sie keinen Grund und kein Ziel, keinen Anfang und kein Ende. Sie übersteigt auch noch das Du und Ich: Sie *ist* Liebe.

Diese Liebe kann Berge versetzen. Der Glaube kann es auch, aber größer als Glaube und Hoffnung ist die Liebe, sagt Paulus. Wären religiös gläubige Menschen den besten Traditionen ihrer Religion gefolgt, würde heute Religionsfrieden herrschen. Religionen wären dann ein lebendiges Beispiel für einen zukünftigen Weltfrieden. Ibn al-Arabi spricht es in seinem Gedicht aus. Als Sufi wird er es gesungen und getanzt haben. Er selber ist für die Gazellen ein Weideplatz, für Mönche ein Kloster, den Götzen ein Tempelbau, dem Pilgerkreis die Ka'aba, Schrifttafeln für die Thora und Seiten dem Koran. Mit anderen Worten: Es gibt nur einen äußerlichen, aber keinen wesentlichen Unterschied zwischen dem Weideplatz der Gazellen, dem Kloster, dem Götzentempel, der Ka'aba, den jüdischen Gesetzestafeln und dem Koran. Niemand muß seine Religion, seine Konfession oder Weltanschauung verlassen. Von überallher können Menschen zur Erfahrung des Einen, des Göttlichen oder Transzendenten gelangen. „Mache dich auf, und werde Licht" lautet diese Botschaft. Bleibe nicht stehen, und kreise nicht um die eigenen Gedanken, Bilder und Gefühle, sondern sei ein Pilger, der mit leichtem Gepäck unterwegs ist, und in der Hoffnung lebt, vielleicht vor Sonnenuntergang eine Herberge und eine warme Suppe zu finden.

„Mein Glaube ist die Liebe", sagt Ibn al-Arabi, „wo die Karawane auch hinziehen mag, ist Liebe meine Religion." Wenn deine Religion die Liebe ist, dann ist es egal, ob du Jude, Christ oder Moslem, Hindu oder Buddhist bist, ja, es ist sogar egal, ob du Atheist, Götzendiener oder Skeptiker bist. Liebe! - heißt die immer gleiche Botschaft. Diese Liebe bringt Ibn al-Arabi immer schon mit, in welches Land er auch kommt und egal welche Religion er dort vorfindet.

„Jede Geburt bedeutet Trennung"

Ansprache zur Feier des Lebens, 11.3.2017

Jede Geburt bedeutet Trennung vom All,
bedeutet Umgrenzung, Absonderung von Gott,
leidvolle Neuwerdung.
Rückkehr ins All,
Aufhebung der leidvollen Individuation,
Gottwerden bedeutet:
seine Seele so erweitert zu haben,
daß sie das All wieder zu umfassen vermag.

Hermann Hesse, Der Steppenwolf, 1927

Hermann Hesse (2.7.1877 – 9.8.1962) fasziniert immer wieder. Seine Anziehungskraft liegt auch in seiner Mystik. Mit wenigen Worten kann er deutlich skizzieren, was Geburt existentiell und spirituell bedeutet. Wer geboren wird, wird nicht nur abgenabelt. Geburt ist eine radikale und traumatische Trennung, eine „Trennung vom All", eine „Absonderung von Gott", „Geburt bedeutet … leidvolle Neuwerdung".

Diese wenigen Schlaglichter aus dem Steppenwolf können den uralten Mythos, wie der Mensch sich seiner selbst bewußt wurde, interpretieren. In der jüdischen Schöpfungserzählung essen Adam und Eva vom Baum der Erkenntnis, und es gehen ihnen die Augen auf. Sie erkennen, daß sie nackt sind, daß sie kein Kostüm tragen. Sie erleben sich nun als bedürftig und angewiesen. Mehr noch: Sie haben weder sich noch die Welt erschaffen; was sie zum Leben brauchen, verdanken sie sich nicht selber. Sie sind Bestandteil der Welt und nicht ihr Mittelpunkt. Das Ganze der Welt ist immer größer als sie, von ihr sind und bleiben sie abhängig. Daß der Mensch sich einbildet, die Krone der Schöpfung zu sein, dürfte seinen Ursprung in der Existenzangst haben, weder Schöpfer der Welt noch Herr im eigenen Haus zu sein. Diese erniedrigende Selbsterkenntnis verkraftet der Mensch nur schwer. Mit Überheblichkeit versucht er, sich selber aufzuwerten. Das Ergebnis dieser Hybris ist nicht der Mensch als Krone der Schöpfung. Im Gegenteil, er wird zu ihrer Dornenkrone.

Die Symbiose von Mensch und Natur, von Mensch und Gott endet mit der Selbsterkenntnis. Der Mensch kann nun ‚ich' sagen, und er und die Welt und Gott sind keine Einheit mehr; sie wurden ihm zum **Gegen**über und schnell zu **Gegn**ern und Konkurrenten, wie der Brudermord von Kain an Abel zeigt, der auf die Vertreibung aus dem Paradies prompt folgt.

Jede Geburt ist eine Art der Vertreibung aus dem Paradies. Wer neu werden will, wer sich entfaltet und entwickelt, muß Bekanntes und Vertrautes aufgeben, oft ohne zu wissen, was ihn erwartet. Der Volksmund sagt, Leben sei lebensgefährlich. Chance und Risiko, Hoffnung und Angst wohnen Tür an Tür. Woher das Vertrauen nehmen?

Hesse folgt nicht den Existentialisten und Nihilisten seiner Zeit. Mit der Geburt ist der Mensch nicht nur gegen seinen Willen in die Welt hinein- und hinausgeworfen. Hesse kennt eine Rückkehr ins Paradies, keine Rückkehr ins alte Paradies des Mythos, sondern eine Rückkehr ins Paradies, das die eigene Seele ist. Und diese Seele läßt sich aufschließen und erweitern, „daß sie das All wieder zu umfassen vermag." Unsere Seele kann das All umfassen: Darin liegt unsere Gottwerdung, darin wird das leidvolle Werden und Vergehen aufgehoben. Hesse scheint 1927 begriffen zu haben: Der Mensch solle auf diese Weise Gott werden, statt ihn zu verehren.

Der gedachte Gott

Ansprache zur Feier des Lebens, 1.4.2017

Der Mensch soll sich nicht genügen lassen an einem gedachten Gott. Wer Gott im Sein hat, dem leuchtet er in allen Dingen; denn alle Dinge schmecken ihm nach Gott, und Gottes Bild wird ihm aus allen Dingen sichtbar. Dazu gehört Eifer und Hingabe und ein genaues Achten auf des Menschen Inneres. Er muß eine innere Einsamkeit lernen, wo und bei wem er auch sei. Er muß lernen, die Dinge zu durchbrechen und seinen Gott darin zu ergreifen. Fürwahr, soll er die Kunst beherrschen, so muß er sich viel und oft in dieser Tätigkeit üben.

Mystische Schriften, Insel Verlag, 9. Auflage 7. Januar 1991

Der Text dieses anonymen Autors erinnert inhaltlich an Meister Eckhart (um 1260 – 1328), den größten Mystiker der Westkirche. Der „gedachte Gott" ist nie der wirkliche Gott. Der „gedachte Gott" ist ein Ergebnis menschlichen Denkens. Der „gedachte Gott" ist ein Phantom. Was der Mensch über Gott auch denken mag, es ist nicht Gott, es kann ihn nicht erfassen. Wir können über Gott letztlich nichts wissen, unsere Sprache entsagt sich angesichts der Unbegreifbarkeit Gottes. Sogenannte heilige Schriften (in denen auch viel Unheiliges steht), Dogmen, Glaubensbekenntnisse und umfangreiche theologische Bibliotheken lassen sich in einem kurzen Satz zusammenfassen: Er ist es nicht! Gott ist meines Erachtens ein armseliges Wörtchen für eine unaussprechliche Wirklichkeit: keine Person, kein Geist, weder dieses, noch jenes, kein Entweder/oder, kein Sowohl/als-auch, kein Etwas und nicht das Ganze. Ehrlich gefragt: Könnten wir wirklich an einen Gott glauben, der begriffen werden kann? Er wäre vielleicht als Trostpflaster oder Placebo nütze, eine Einbildung, die Angst dämpft und Leid einen Augenblick vergessen läßt. Ein verstandener Gott wäre ein Gott des Menschen, seine Erfindung, über die der Mensch beliebig verfügen könnte. Es wäre ein Götze in der Hand des Menschen.

Der anonyme Verfasser tadelt diese irrige oder abergläubische Gottesvorstellung nicht. Vielmehr fordert er auf, die falsche Bescheidenheit, sich mit einem „gedachten Gott" zu begnügen, aufzugeben. Er nimmt als Theologe und Prediger das biblische Gebot ernst, sich keinerlei Vorstellungen von Gott zu machen. Nichts kann Gott erfassen, darstellen oder ausdrücken. „Wer Gott im Sein hat, dem leuchtet er in allen Dingen …" Das Sein ist gegenstandsfrei, es ist weder dieses, noch jenes. Daher ist es der Quellgrund von allem, was uns in der Welt begegnet. Wer Gott in seinem Gemüt seinshaft, d.h. gestaltlos als Nicht-Geist, als Nicht-Person, ja als Nicht-Gott vernehmen kann, der wird ihn „in allen Dingen" „leuchten" sehen und „schmecken", der wird ihn jetzt im Frühling überall heraussprießen und hervorblühen sehen, nicht als Blüte, sondern als Gott.

Der Mensch „muß eine innere Einsamkeit lernen", will er Gott jenseits der Bilder, Vorstellungen und Phantasien erleben. Dafür müssen Kopf und Herz leer werden von allem, was sie besetzt halten, was uns jetzt freut und stört, was uns im Herzen Kummer bereitet und ängstigt, was gierig macht und uns hetzen läßt. Die „innere Einsamkeit" kann überall geübt werden. „Er muß lernen, die Dinge zu durchbrechen und seinen Gott darin zu ergreifen." Der Mensch soll lernen, hinter die Dinge und hinter die Maske zu schauen, er soll lernen, zwischen den Zeilen zu lesen und den Schein vom Sein zu unterscheiden. Letztlich soll er lernen, wesentlich und erfüllt zu leben.

Einfachheit

Ansprache zur Feier des Lebens, 13.5.2017

Einfachheit heißt,
die Wirklichkeit nicht in Beziehung auf uns zu erleben,
sondern in ihrer heiligen Unabhängigkeit.
Einfachheit heißt,
sehen, urteilen und handeln von dem Punkt her,
in welchem wir in uns selber ruhen.
Wie vieles fällt da weg!
Und wie fällt alles andere in die rechte Lage!
Im Zentrum unseres Wesens ruhend begegnen wir einer Welt,
in der alles in gleicher Art in sich ruht.
Dadurch wird der Baum zu einem Mysterium,
die Wolke zu einer Offenbarung
und der Mensch zu einem Kosmos,
dessen Reichtum wir nur in Bruchteilen erfassen.
Für den Einfachen ist das Leben einfach,
aber es öffnet ein Buch,
in welchem wir nie über die ersten Buchstaben hinauskommen.

Dag Hammarskjöld 1965, S. 93f

Der zweite UNO-Generalsekretär, der parteilose Schwede Dag Hammarskjöld (29.7.1905 – 18.9.1961), war ein Mystiker. Dies offenbarte sein spirituelles Tagebuch, das nach seinem Tod gefunden und im Deutschen unter dem Titel „Zeichen am Weg" veröffentlicht wurde. Dag Hammarskjöld kam 1961 bei einem Flugzeugabsturz in Sambia/Afrika während einer seiner Friedensmissionen durch ungeklärte Umstände ums Leben. In seinem Hotelzimmer wurde auf dem Nachttischschrank „Die Nachfolge Christi" des Thomas von Kempen (um 1380 – 25.7.1471) gefunden. Diese Schrift des Augustiner-Chorherrn war bis in die Neuzeit das meist gelesene religiöse Buch neben der Bibel. Martin Luthers Religiosität – er ein Augustiner-Eremit in Erfurt - war u.a. von diesem Ordensbruder geprägt.

Dag Hammarskjöld spricht von „Einfachheit". Frühere Generationen nannten es (geistige) Armut, Bescheidenheit, Askese und Verzicht und strebten nach der Tugend des Maßes und der Ordnung; sie übten sich in Disziplin, Zurückhaltung und Diskretion. Wenn dies in Liebe geschah, ohne sich Ansehen und den Himmel verdienen zu wollen, leuchtete inmitten aller menschlichen Schwäche und Unzulänglichkeit etwas von der Göttlichkeit des Menschseins auf.

Einer kapitalistisch orientierten Leistungs- und Konsumgesellschaft, einer hedonistischen Event- und Spaßkultur sollte Einfachheit nicht gepredigt, sondern vorgelebt werden. „Was bringt mir Einfachheit?", wird zurecht gefragt. Die Meister, Meisterinnen und Weisen antworten darauf schlicht: „Komm in unsere Gemeinschaft! Dort kannst du es am eigenen Leib erleben." Wir bräuchten überall solche spirituellen Weggemeinschaften, in denen einfaches Leben in Gemeinschaft eingeübt werden kann. Diese Übung ist zunächst eine innere Pilgerreise zu sich selbst. Es ist ein innerer Dialog und eine innere Auseinandersetzung mit den eigenen Wünschen, Absichten, Plänen und Pflichten. Das eigene Wollen, der innere Hunger nach Mehr - von was auch immer – steht auf dem Prüfstand.

Mit Dag Hammarskjöld kann ich sagen: „Laß dich nicht von deiner Habgier anstiften, von deiner vagabundierenden Neugier und den inneren Antreibern. Laß sie doch einmal links liegen. Falle nicht auf sie herein. Beschäftige dich nicht dauernd mit ihnen, dann kannst du erleben, daß vieles nur Seifenblasen sind – Gaukeleien deines Egos. Sondern ruhe im Zentrum deines Wesens. Dort verankere dich. Und von dort her kannst du gelassen „sehen, urteilen und handeln", ohne ständig verführt und fremdgesteuert zu werden. „Dadurch wird der Baum zu einem Mysterium, die Wolke zu einer Offenbarung und der Mensch zu einem Kosmos, dessen Reichtum wir nur in Bruchteilen erfassen."

Wer „ein"-fach lebt, dem kann die „Ein"-heit der Welt aufgehen. Wer in der Einheit lebt, lebt in Fülle und aus seinem Wesen. Es gilt, das Leben zu leben, statt es zu verwalten, in Konsum und Aktionismus zu fliehen oder von anderen fremdbestimmen zu lassen. Wer bewußt einfach lebt, befreit sich selbst.

„Wirf die Jahre der Vergangenheit auf die Straße"

Ansprache zur Feier des Lebens, 17.6.2017

Die Nonnen von Tokeiji waren berühmt für ihren wunderschönen und kunstvollen Blumenschmuck zu Buddhas Geburtstag. Meisterin Yodo, Äbtissin von Tokeiji und früher kaiserliche Prinzessin, schrieb zu diesem Anlaß ein Gedicht:

> *Schmücke das Herz der Schauenden,*
> *denn der Buddha des Blumensaals*
> *ist nirgendwo anders.*

Ihre Dienerinnen verfaßten ebenfalls Verse. Ika, eine frühere Hofdame, schrieb:

> *Wirf die Jahre der Vergangenheit auf die Straße.*
> *Was jetzt geboren wird auf dem Blumenpodest –*
> *laß es seinen neugeborenen Schrei erheben.*
>
> *Japan, 13. Jahrhundert*

Das verborgene Licht, hrsg. von Zenshin Florence Caplow und Reigetsu Susan Moon, edition steinrich, Berlin 2016, S. 113.

Menschen feiern Geburtstag, ihren eigenen, den ihrer Nächsten und den von großen Gestalten. Handelt es sich um Religionsstifter und Weise, wird auch zeremoniell gefeiert mit Bezug zum Göttlichen, Ewigen, Jenseitigen oder Transzendenten, wie Sie es sagen möchten. Ältere Katholiken kennen noch den Brauch, daß in einigen Gegenden der Namenstag gefeiert wird, ja der Namenstag kann sogar bedeutsamer sein als der Geburtstag, weil der Namenstag mit einem Heiligen und persönlichen Schutzpatron verbunden ist. Ich kenne römische Katholik/innen, bei denen der Namenstag mit dem Geburtstag zusammenfällt. Ihnen wurde bei der Geburt der Name des Heiligen verliehen, dem gerade gedacht wurde. Auch bei Martin Luther war es so. Der heilige Martin von Tours wird am 10. November verehrt, heute meist mit Laternenumzug und Gänsebraten. Der Schutzpatron beruht auf der magischen Vorstellung, gerade in brenzligen Situationen von guten Mächten umgeben zu sein. Dies dämpft die Angst durch die eingebildete Vorstellung, nicht allein, einsam und verlassen zu sein in einem Leben, das Risiken, Gefahren, Verluste, Schmerz und Leid kennt.

Christen feiern den Geburtstag Jesu an Weihnachten, Buddhas Geburtstag hingegen wird weltweit an verschiedenen Tagen gefeiert. Die Geburt beider Männer wird in der literarischen Gestalt des Jungfrauenmythos erzählt. Kein Mythos ist zuerst historisch zu verstehen, sondern symbolisch. Er verweist in allegorischer Bildsprache auf das Geheimnis, daß alle Wesen einen doppelten Ursprung haben, nämlich bei den Menschen den aus den Eltern und Herkunftsfamilien und - aus dem Göttlichen, dem kosmischen Geist oder dem Ewigen.

Religiöse und spirituelle Riten sollten nicht die Vergangenheit feiern, die unwiederbringlich vorbei ist, sie sollten vergegenwärtigen, was im Hier und Jetzt den Menschen helfen kann, aus seinem Wesen zu leben. Der Buddha braucht nicht geschmückt zu werden, Jesus braucht nicht verehrt zu werden; beide haben es nicht nötig. Womöglich ist allein der verehrende Mensch darauf angewiesen, weil er noch in seiner religiösen Ichverhaftung feststeckt und seine innere Pilgerreise zum Seelengrund behindert ist. Die Weisen oder Meister/innen beten nicht an und verehren nicht. Sie wissen, daß sie mit dem Angebeteten oder Verehrten wesensverwandt sind. Darum sagt Meisterin Yodo: „Schmücke das Herz der Schauenden" – dort ist der Buddha, und nur dort, nicht hier im Blumensaal oder sonstwo. Die Schauenden sind die nach innen Schauenden, die sich von Äußerlichkeiten nicht ablenken und verführen lassen. Die Buddha-Statue wird in der inneren Haltung der Absichtslosigkeit geschmückt. Es ist kein Schönheitspreis zu gewinnen. Der blumengeschmückte Buddha ist Dein und mein Herz. In ihrem Herzen sind alle Kreaturen unglaublich schön.

Die Dienerin Ika bezeichnet das Schmücken auf dem Blumenpodest als ‚geboren werden'. Die Schönheit des Buddha-Wesens, die Schönheit des Christus-Wesens leuchtet hier und in diesem Augenblick auf, nicht unterschieden von den Herzen der Anwesenden und Feiernden. Sie werden in diesem Augenblick geboren und immer wieder geboren. Was sich gebiert und entfalten will, es ist immer nur unser göttliches Wesen: - „Laß es seinen neugeborenen Schrei erheben."

Jetzt

Ansprache zur Feier des Lebens, 22.7.2017

Das Jetzt ist das Einzige, das wir haben. Wir haben nichts in der Vergangenheit und nichts in der Zukunft. Die Vergangenheit ist vorbei, und die Zukunft noch nicht da. Wir warten auf Hilfe aus der Vergangenheit und der Zukunft, aber diese Hilfe werden wir nie bekommen. Wenn wir unsere Zukunft oder unsere Vergangenheit verändern wollen, geht das nur durch die Kraft des Jetzt. Indem wir das Jetzt ändern, verändert sich alles. Der jetzige Moment ist das Resultat der Vergangenheit und die Ursache der Zukunft. Wenn wir also das Jetzt ändern, verändern sich auch dessen Ursache und Wirkung.

Das Jetzt ist der einzige Weg, unser ganzes Leben zu verändern, denn unser Leben findet immer jetzt statt. Es gibt nie mehr als das Jetzt! Wenn wir wissen, wie wir die Kraft des Jetzt nutzen können, wissen wir, wie wir unser ganzes Leben nutzen können. Aus diesem Grund ist das Jetzt das kraftvollste Phänomen der Existenz.

Das Jetzt ist der Schlüssel, uns von dem zu befreien, was wir in der Vergangenheit nicht mochten, und in der Zukunft das zu bekommen, was wir mögen. Deshalb nenne ich das Jetzt den „goldenen Schlüssel". Das Jetzt ist der Schlüssel zum Himmel, der magische Schlüssel. Wenn wir wissen, wie wir die Kraft des Jetzt nutzen können, können wir alles tun.

*Tulku Lobsang Rinpoche, * 1975, tibetisch-buddhistischer Mönch und Arzt*

Das Jetzt ist keine Zeit. Keine Stoppuhr kann es messen. Es ist auch kein Spalt und keine Fuge zwischen Vergangenheit und Zukunft. Das Jetzt läßt sich nicht erfassen und verstehen. Das Jetzt ist jetzt/Jetzt. Im wahrsten Sinne des Wortes ein Nichts, könnten wir sagen. Aber auch ein Nichts ist ein Etwas – eben ein Ding, eine Vorstellung von Leere oder Abwesenheit, ein Gefühl von tiefer Einsamkeit, isoliertem Alleinsein oder schmerzhafter Verlassenheit.

Unser wissensdurstiger Verstand will auch noch das Nichts begreifen und führt uns dadurch wieder in die Irre, wo es nichts zu begreifen gibt. Das Jetzt ist nichts, das Nichts ist nichts. Jetzt und Nichts sind dasselbe. Die Mystik aller Kulturen ist hier radikaler als der moderne Nihilismus. Die Nihilisten denken. Auch wenn sie philosophisch denken, denken sie bloß; weiter nichts. Die Mystiker/innen sagen, es gibt beim Nichts nichts zu begreifen, gebe hier das Denken auf, laß deinen Verstand erlöschen, zügele dein selbstbezogenes Ego, das ständig haben und wissen will.

Das ist starker Tobak. Und dieses nichtige Jetzt soll der ‚goldene, magische Schlüssel' sein? Was widerfuhr den Mystiker/innen, wenn sie sich diesem Nichts hingaben, sich ihm überließen, in es eintauchten?

Sie ahnen es schon: Darüber läßt sich wiederum nichts sagen. Hier stammeln alle, weil sich die Sprache entsagt. Weicht die mögliche Angst vor diesem Nichts, tritt leere Stille ein, oftmals begleitet von kindlichem Staunen und absichtslosem Schweigen, einem Gewahrwerden von Einheit und Liebe, grenzenlosem Bewußtsein und einem Frieden / einem Shalom, der Freiheit ist und durch nichts gestört oder zerstört werden kann. Hier weilt der Mensch an der Quelle, hier ruht er in seinem Selbst, das keinen Raum und keine Zeit, keine Geburt und keinen Tod kennt. Hier kann der Mensch das Leiden unterbrechen.

Wenn der Mensch wirklich etwas verändern will, sollte er sich zuerst um sich selber kümmern und nicht so sehr um die äußeren Probleme. Um es in einem Bild zu sagen: Jeder Umweltverschmutzung geht die Innenweltverschmutzung des Menschen voraus. Sie spiegelt seine vermüllte Seelenlandschaft. Sie muß zuerst saniert werden.

Im Augenblick liegt das Leben und die Fülle. Hier ist alles gegenwärtig: Die Vergangenheit als Resultat und die Zukunft als Saat. Von hier aus wird verständlich, warum die Weisen und Mystiker/innen unaufgeregt, gelassen und freundlich sind. Sie sind bei sich wie ein Fels in der Brandung.

„Die Wahrheit ist ein pfadloses Land"

Ansprache zur Feier des Lebens, 26.8.2017

Ich behaupte, daß die Wahrheit ein pfadloses Land ist, und Sie können sich ihr auf keinem Pfad nähern, durch keine Religion, durch keine Sekte. Das ist meine Ansicht, an der ich absolut und bedingungslos festhalte.

Die Wahrheit, die grenzenlos, unbedingt, unnahbar ist, auf welchem Pfad auch immer, kann nicht organisiert werden; auch sollte keine Organisation gebildet werden, um Menschen auf einen besonderen Pfad zu führen oder zu nötigen. Wenn Sie das als erstes verstehen, … dann werden Sie sehen, wie unmöglich es ist, einen Glauben zu organisieren. Glaube ist eine rein individuelle Angelegenheit, und Sie können und dürfen ihn nicht organisieren. Wenn Sie es tun, dann stirbt er, erstarrt er; er wird zu einer Konfession, zu einer Sekte, einer Religion, die anderen aufgenötigt wird.

Das ist es aber, was überall auf der Welt jeder zu tun versucht. Die Wahrheit wird geschmälert und zum Spielzeug für die Schwachen, für diejenigen, die nur einen Augenblick unzufrieden sind.

Die Wahrheit kann nicht heruntergeholt werden; vielmehr muß der einzelne sich die Mühe machen, zu ihr hinaufzusteigen. Sie können den Gipfel des Berges nicht ins Tal herunterholen. Wenn Sie den Gipfel des Berges erreichen wollen, müssen Sie das Tal durchqueren und die steilen Felsen hinaufklettern, ohne sich vor den gefährlichen Klippen zu fürchten.

Jiddu Krishnamurti, 1895 – 1986

Einige Christen in unserm Kulturkreis glauben an die Wiederkunft Christi am Ende der Zeiten, wie es im griechischen Testament angekündigt und im Glaubensbekenntnis behauptet wird. Stellen wir uns doch einmal vor, Christus käme nicht am St. Nimmerleinstag zurück, sondern heute Abend. Der Südwestdeutsche Rundfunk (SWR) wäre zugegen, und Christus würde in die laufenden Kameras und Mikrofone sagen: „Ich komme ausschließlich in eigener Sache. Mit den Kirchen habe ich nichts zu tun. Ich habe sie weder gewollt noch gegründet. Mir schwebte keine eigene Religion vor, keine christliche Theologie und keine weiteren Dogmen, keine neuen Autoritäten wie Kleriker, Bischöfe und Papst. Ich bevorzuge die Armen und Sünder, die Kirchen aber häufen Reichtümer an, gründeten Banken und passen sich zu ihrem Vorteil den gesellschaftlichen Verhältnissen an. Löst die Kirchen auf! Sie behindern meine Botschaft mehr, als daß sie nützen könnten. Liebt einander, und richtet euer Leben nach dem aus, was ich Abba und Gottesreich nenne. Das genügt."

Der Inder Krishnamurti zählt zu den großen Weisen des 20. Jahrhunderts. Er gehörte keiner Religion und Weltanschauung an, entwickelte keine systematische und dogmatische Lehre und hatte keine Schüler. Als in Europa Vereine gegründet wurden, die seinen Namen trugen, forderte er energisch, sie aufzulösen. Wahrheit läßt sich nicht organisieren. Wer dies tut, versündigt sich an ihr. Wahrheit kann nicht auf- und vorgestellt und als System gelehrt werden. Wahrheit wird ergründet, indem ich mich selbst zu erkennen versuche und frage, was ist wirklich. Sehe ich den Baum als Baum, oder sehe ich ihn durch meine Brille, als meine Vorstellung? Wahrheit ist nicht zu organisieren und zu glauben, sondern zu leben. Sie wird nicht erfahren, weil sie nach Krishnamurti keinen Inhalt hat. Er sagt nirgends, was Wahrheit ist. Denn sie ist „grenzenlos, unbedingt, unnahbar". Die Wahrheit ist nicht dieses oder jenes, sie ist nicht dual, sie unterscheidet, vergleicht und spaltet nicht. Die Wahrheit *ist*. Punkt! Sie ist eines, sie ist das Sein oder Gott oder das absolute Selbst, wie Sie möchten.

Der Mensch würde gerne auf das, was „grenzenlos, unbedingt, unnahbar" ist, zugreifen. Dies ist Hybris und Wahn. Denn der Mensch, der sich anmaßt, über das Ewige zu verfügen, steigert seine Machtfantasien ins Unermeßliche. Wenn diese Fantasien in religiösen Organisationen, Dogmen, Glaubensbehauptungen, Priesterkasten und Moralsystemen realisiert werden, ist die Grundlage zum Götzendienst, zum Aberglauben und zur Bevormundung gelegt. Die Wahrheit kann dann in einen Absolutheitsanspruch verkehrt und als Waffe genutzt werden. Wird die Wahrheit instrumentalisiert, kann der Mensch dem Menschen zum Wolf werden. Bliebe die Wahrheit, wie sie Krishnamurti versteht, unantastbar, wäre als Konsequenz auch die Würde des Menschen und der ganzen Schöpfung gewahrt.

Die Gläubigen aller Religionen haben eine breite Blutspur durch die Menschheitsgeschichte gezogen. Religionen sind nicht friedlich. Sie sind Erfindungen des Menschen, und dieser lebt mit sich im Unfrieden. Wenn ich Krishnamurti recht verstehe, „besteht" die Wahrheit in nichts, sie „ist". Sie wird erlebt, wenn der Mensch schauen lernt ohne Vorurteile, Vorstellungen und Absichten, wenn er sehen kann, was ist, ohne haben und wissen zu wollen. Indem der Mensch sich erfreut und genießt, ohne zu begehren, wahrt er die heilige Selbständigkeit und Würde von allem.

„Die befreite Seele trachtet nicht nach Gott"

Ansprache zur Feier des Lebens, 16.9.2017

Die befreite Seele trachtet nicht nach Gott,
weder durch Buße noch durch irgendein Sakrament der heiligen Kirche,
noch durch Gedanken, Worte und Werke,
noch durch ein Geschöpf hier unten,
noch durch ein Geschöpf von oben.

Marguerite Porète (1250/60 – 1.6.1310)

Was ist eine „befreite Seele", die nach nichts mehr „trachtet"? Daß eine befreite Seele gar kein Verlangen nach Gott mehr verspürt, ist den traditionell Gläubigen kaum vermittelbar. Gott ist den Religionen doch das Ziel allen menschlichen Strebens. Die Sehnsucht nach Gott kann mit Askese, Einfachheit und Bescheidenheit gefördert werden. Durch Bußübungen und Sakramente unterstützt die sogenannte heilige Kirche, in deren Namen so viel Unheiliges begangen wird, das Bemühen, Gott nahe zu kommen. „Gedanken, Worte und Werke" sollen moralisch auf das Gute ausgerichtet sein, was unbedingt anzuerkennen ist. Und „Geschöpf(en) hier unten" wie Kleriker, Bischöfe und Papst verweigert die befreite Seele die Verehrung und distanziert sich von deren Amtsautorität und öffentlichem Ansehen. Auch die „Geschöpf(e) von oben" wie Engel, kosmische Kräfte und Sterne werden bedeutungslos und flößen keinen Respekt und keine Ehrfurcht mehr ein.

Was also ist eine „befreite Seele"? – Sie gibt auf all das herzlich wenig! Sie befreit sich von allem, was sie bindet, nötigt und ängstigt. Modern gesprochen: Sie gibt ihre Identifikationen, Konditionierungen und Kognitionen zeitweise auf. Im Mittelalter wurde gesagt: Eine „befreite Seele" ist innerlich leer, ledig, lauter, ohne Begehren und Absicht. Die östlichen Hochreligionen sagen: Das Selbst bzw. Größen-Ego ist ohne Anhaftung. Die „befreite Seele" ist eins, nicht dieses oder jenes. Sie ist identisch mit sich selbst. Deshalb wird sie auch das Selbst genannt. Als solches ist sie das Eine, wie es z.B. der Philosoph und Neuplatoniker Plotin versteht, und das Erleben dieses Einen. Wer es erlebt, ist eins; er ist das Eine. Hier ist der Dualismus von Gott und Mensch endgültig zusammengebrochen. Was in unserm Kulturkreis mit dem armseligen Wörtchen ‚Gott' bezeichnet wird, ist in Wirklichkeit nicht vom

Menschen und der Natur getrennt. Gott und Welt sind eins: Ein Leben, eine Natur, eine Evolution.

Die theistischen und monotheistischen Religionen halten die Zweiheit von Gott und Schöpfung um jeden Preis aufrecht: Hier der Mensch, dort Gott. Im Gegensatz können beide nicht eins werden. Sie mögen in der Vorstellung des Menschen eine innige Beziehung pflegen, ja ein Liebespaar sein, wie die Liebes- und Brautmystik nahe legt, aber verschmelzen dürfen sie nicht. Gott muß ein Erfahrungsgegenstand bleiben. Gott als Person, Dreifaltigkeit, Geistwesen oder als ein Etwas darf nicht erlöschen, indem der Mensch jegliche Erfahrung, jegliches Denken und Fühlen übersteigt.

Zu diesem Transzendieren lädt die Begine Marguerite Porète ein: „Die befreite Seele trachtet nicht nach Gott …", sie trachtet noch nicht einmal nach dem Höchsten. Sie trachtet nach nichts. Solche Sätze haben ihr das Leben gekostet. Am Pfingstmontag 1310 wird sie in Paris bei lebendigem Leibe als unbelehrbare, hartnäckige Ketzerin verbrannt. Ihr Buch „Der Spiegel der einfachen Seelen" hatte man ihr um den Leib gebunden. Darin beschreibt sie die etappenweise Befreiung der Seele von allen Abhängigkeiten, die sie in Knechtschaft halten. Zu den Fesseln dieser Knechtschaft zählt auch die Kirche, ja sogar jede Gottesvorstellung. Denn auch Gott ist ein Inhalt, ein Thema oder eine Idee, was den Menschen beschäftigen kann und ihn damit von sich selber und dem Einssein ablenkt. In der Zerstreuung ist der Mensch nicht eins, sondern im Außen und in der Vielfalt; dort ist er in seiner egohaften Wahlfreiheit verführbar und manipulierend. Hier ist nicht nur der Ort der Werbung, der Mode und der Medien, sondern auch der Ort der Kirchen und Ideologen. Die Seele hingegen ist unbestechlich. Kontrollieren und steuern wollten die Kirchen den Menschen über sein Ego. Sobald der Mensch seine wahre Seele entdeckt, die gegenstandsfrei, unberührt und unwandelbar ist, entzieht er sich den Vereinnahmungen.

Wo Leerheit ist, gibt es nichts mehr zu glauben, zu verehren und anzubeten. Glauben im Sinne der gegenstandsfreien Mystik läßt sich nicht organisieren. Mystik läßt jede Organisation auf ein Minimum schrumpfen. Dies gilt auch für die Moral und die Ideologien. Denn diese Leerheit ist alles und Fülle. Fülle ist Liebe, die ins Dasein drängt. Läßt sich der Mensch davon erfassen, erlebt er sich als verwirklicht und entfaltet sein Leben, indem er die Welt gestaltet, ohne sie zu beschädigen und auszubeuten. Diese Freiheit ist keine Freiheit von etwas für etwas. Diese Freiheit kennt kein Etwas. Hierin ist der Mensch wie der Fisch im Wasser, der kein Wasser kennt.

Selbstliebe zuerst

Ansprache zur Feier des Lebens, 14.10.2017

Fange damit an, daß du über dich selbst nachdenkst, damit du dich nicht selbstvergessen nach anderem ausstreckst. Was nützt es dir, wenn du die ganze Welt gewinnst und einzig dich verlierst? Denn wärest du auch weise, so würde dir doch etwas zur Weisheit fehlen, solange du dich nicht selbst in der Hand hast. Wie viel dir fehlen würde? Meiner Ansicht nach alles. Du könntest alle Geheimnisse kennen, du könntest die Weiten der Erde kennen, die Höhen des Himmels, die Tiefen des Meeres. Wenn du dich selbst nicht kennen würdest, gleichst du jemandem, der ein Gebäude ohne Fundament aufrichtet, der eine Ruine, kein Bauwerk aufstellt. Alles, was du außerhalb deiner selbst aufbaust, wird wie ein Staubhaufen sein, der jedem Wind preisgegeben ist.

Bernhard von Clairvaux, 1091 – 20.8.1153

Bernhard von Clairvaux ist ein begnadeter Seelsorger und geistlicher Begleiter in der ersten Hälfte des 12. Jahrhunderts. Er gilt als Gründer des Zisterzienserordens. Seine Briefe und Predigten könnten auch aus der Feder eines modernen empathischen Psychotherapeuten stammen.

In dem Briefausschnitt, den wir eben hörten, sorgt sich Bernhard um einen Mitbruder. Er scheint hoch motiviert zu sein und daher in der Gefahr zu stehen, sich zu überfordern und auszubrennen. Bernhard tadelt nicht seine Selbstausbeutung; er will offenbar seine Motivation und Leidenschaft nicht deckeln. Sondern er rät ihm, immer wieder innezuhalten und sich nicht im Außen zu verlieren. Sei nicht „selbstvergessen", schreibt er ihm. Opfere dich nicht! Dies wäre eine fatale Liebe, weil sie über die Nächstenliebe die Selbstliebe vergißt. Selbstvergessenheit nützt am Ende niemandem. Sind die Kräfte verbraucht oder gar vergeudet, ist der Geist stumpf geworden und die Psyche genervt, dient und hilft der Mensch nicht mehr aus freier Freude, sondern aus Pflicht, mit Disziplin und aus Anforderung.

„Fange damit an, daß du über dich selbst nachdenkst ..." Mit anderen Worten: Der Weg beginnt bei dir, und zwar von außen nach innen. Unsere egomanische Kultur krankt daran, daß die meisten Menschen ihren bevorzugten Aufenthaltsort im Außen haben. Sie starten vom Außen in die Ferne, oder wie Bernhard sagt, sie strecken sich selbstvergessen nach anderem aus. Wer sich permanent im Außen bewegt, gleicht einer Schnittblume in der Vase. Sie ist von ihrer Wurzel getrennt und daher kraftlos, angewiesen auf das tägliche Frischwasser anderer, ohne sich regenerieren zu können. Ist der Mensch abgeschnitten von seinem Grund, seiner Seele oder seinem Selbst – wie Sie es gern sagen möchten -, braucht er am Ende den Arzt, den Therapeuten, die Apotheke. So welkt und siecht er vorzeitig dahin. Manche sind schon tot, bevor sie gestorben sind.

Ernüchternd wirkt in Bernhards Brief, daß Weisheit nicht vor Irrtum und Dummheit schützt. Auch der Weise kann Raubbau an sich treiben, wenn er nicht klug handelt. Alles Wissen und aller Besitz sind eitel, „solange du dich nicht selbst in der Hand hast" bzw. „du dich selbst nicht kennen würdest". Wer so töricht handelt, dem fehlt alles, meint Bernhard, weil du nicht bei dir zu Hause bist. Den eigentlichen Anker findet der Erwachsene nur in sich, nicht im Außen, nicht beim anderen, nicht in der Moral, nicht beim Arzt. Fels in der Brandung ist der Mensch, der seinen Grund erkannt hat. Dort ist sein Fundament. Was darauf aufgebaut wird, ist keine Ruine und keine Spreu im Wind.

In vielen Briefen Bernhards kommt Gott nicht vor. Ohne Zweifel ist Bernhard Monotheist. Als Seelsorger ist er großenteils zeitlos. Alle Wege des Menschen nehmen ihren Ausgang bei ihm selbst. Anders gesagt: Keine Rettung und Heilung ohne Eigeninitiative: „Fange damit an, daß du über dich selbst nachdenkst", nicht über Gott. Wenn du zum Arzt oder Therapeuten gehst, nimm deine Krankheit selber in die Hand. Denke darüber nach, wer du bist, nicht was du besitzt und weißt. Ergründe dich selbst, bis es grundlos wird.

Der seelisch gesunde Mensch

Ansprache zur Feier des Lebens, 11.11.2017

Der seelisch gesunde Mensch ist der produktive und nicht entfremdete Mensch, der liebend zur Welt in Beziehung tritt und seine Vernunft dazu benutzt, die Realität objektiv zu erfassen; es ist der Mensch, der sich selbst als eine einzigartige individuelle Größe erlebt und sich gleichzeitig mit seinen Mitmenschen eins fühlt, der sich keiner irrationalen Autorität unterwirft und freiwillig die rationale Autorität seines Gewissens und seiner Vernunft anerkennt, der sich sein ganzes Leben lang im Prozeß des Geborenwerdens befindet und der das Geschenk seines Lebens als die kostbarste Chance ansieht, die er besitzt.

Erich Fromm, Wege aus einer kranken Gesellschaft, 1955

Erich Fromm war ein Sozialpsychologe Freud'scher Schule, der 1980 mit knapp 80 Jahren verstarb. Als deutscher Jude emigrierte er 1934 über die Schweiz in die USA. Er war tief beunruhigt über die Lebensverhältnisse in den kapitalistischen Gesellschaften. Würde er heute noch leben, sähe er viele seiner gesellschaftskritischen Prognosen bestätigt.

Warum kommt Erich Fromm in der *Feier des Lebens*, die im Stil gegenstandsfreier Mystik stattfindet, zu Wort? – Fromm war auch Religionspsychologe. Es klang eben an und könnte irritiert haben: „Der seelisch gesunde Mensch (befindet) sich sein ganzes Leben lang im Prozeß des Geborenwerdens" und sieht „das Geschenk seines Lebens als die kostbarste Chance (an), die er besitzt." Der an Sigmund Freud und Karl Marx geschulte Erich Fromm hatte in seiner Lebensmitte den westchristlichen Mystiker Meister Eckhart entdeckt. In den 1950er-Jahren lernte er in den USA den Zenmeister Daisetz Teitaro Suzuki (1870 – 1966) kennen. Bei ihm studierte er den Zen-Buddhismus, ließ sich in die Schweigepraxis des Zazen einführen und in der Koan-Deutung schulen.

In Fromms „Prozeß des Geborenwerdens" erklingt Meister Eckharts Gottesgeburt im Menschen. Die göttliche Geburt im Menschen ist ein lebenslanger Entwicklungsprozeß, ob es der Mensch wahrhaben will oder nicht. Zerstreut im Außen, fremdgesteuert durch die Anforderungen anderer und damit entfremdet von sich selbst, kann die Chance des inneren Werdens und

Reifens übersehen und verdrängt werden. So ist der Mensch Fähnlein im Wind und nicht Fels in der Brandung. Er gleicht einer Schnittblume in der Vase, die von ihrer Wurzel oder Zwiebel abgeschnitten ist, sich nicht mehr aus eigener Kraft regenerieren kann und auf das frische Wasser durch andere angewiesen ist.

„Der seelisch gesunde Mensch", sagt Fromm, ist produktiv und gestaltend, liebend der Welt zugewandt, objektiv erkennend und keiner „irrationalen Autorität" unterworfen. Anders gesagt, der „seelisch gesunde Mensch" ist kreativ, selbstbestimmt und eigenverantwortlich, nicht weltflüchtig und voreingenommen, sich seiner Einzigartigkeit bewußt und nicht untertänig. Diese Eigenschaften charakterisieren auch die Mystikerinnen und Mystiker weltweit. Dem inneren Geborenwerden folgt zugleich die liebende Beziehung zur Welt. Mystisches Erleben drängt auf den Marktplatz des Lebens. Mystik ist keine Gefühlsseligkeit und kein Rückzug in den Elfenbeinturm. Mystik ist bedingungslose Liebe, die nichts ausschließt und niemand schaden will. Nonduale Mystik unterscheidet nicht in Gott und Welt, ich und du, dieses und jenes. Sie erkennt in allem das Eine.

Erich Fromm war es vergönnt, dem Seinsmystiker Meister Eckhart bis in den grundlosen Grund der menschlichen Seele zu folgen. In der Seele findet nicht nur ein immerwährender göttlicher Geburtsvorgang statt. Dort gebiert sich Gott nicht als Mensch, sondern sich als Gott. Gott schenkt in seiner Geburt dem Menschen nicht nur die Lebensfülle, sondern sich selbst. Deswegen ist bei Fromm das Leben so „kostbar", und ich füge hinzu, auch so köstlich.

„Mitten im Schweigen"

Ansprache zur Feier des Lebens, 16.12.2017

„Da alle Kreaturen sich mitten im Schweigen befanden,
da sprach Gott sein stilles Wort zu meiner Seele."
So auch muss alles, was im Geist und im Leib ist,
in Frieden und in Ruhe versetzt sein.
Wer dahin kommen soll,
der muss den Hirten gleich sein,
die des Nachts wachten,
als Christus der Herr geboren wurde.
Ebenso muss der Mensch beharrlich
wach sein im Gemüt.

Deutsche Mystik, Pf Tractate 8, S. 481,22-28

Der anonyme Verfasser zitiert am Anfang einen alten Weihnachtshymnus: „Da alle Kreaturen sich mitten im Schweigen befanden, da sprach Gott sein stilles Wort zu meiner Seele." „… mitten im Schweigen" – das ist die längste und dunkelste Nacht, die Mitternacht, der traumlose Tiefschlaf. Wenn alles schweigt und sich nichts regt, geschieht das Unvorstellbare. Erst wenn alle Kreaturen schweigen, spricht Gott. Dieses Schweigen ist kein Tun des Menschen, kein Willensakt, kein Ziel und kein Ergebnis. Es ist ein Schweigen, das sich von allein ausbreitet – wie in der dunklen Nacht und im Schlaf. Dieses Schweigen wird nicht erzeugt, indem ich den Mund halte; es ist gegenwärtiges Sein, zeitlose Anwesenheit, ewige Gegenwart.

Dann „sprach Gott sein stilles Wort". Es ist lautlos und wortlos. Er sprach „sein stilles Wort" – mehr erfahren wir nicht. Kein Inhalt! „Sein stilles Wort" ist ein Paradox: Es wird nichts gesagt, und damit scheint alles gesagt zu sein. Als wäre „sein stilles Wort" eine heilige Silbe - heilig, weil unaussprechlich und doch ergreifend. Ergriffen werden können wir im Schweigen vom Numinosen, von einer erfüllenden Gegenwart, die alle Wünsche und Sehnsüchte übersteigt.

„… zu meiner Seele" sprach er „sein stilles Wort". Es ist also keine Eingebung, keine Inspiration oder Intuition. Darüber ließe sich lang und breit reden. Denn über „sein stilles Wort" könnte der Verstand dann spekulieren, phantasieren und mutmaßen. Aber das wäre ein Mißverständnis. Denn still ist hier absolut still. Ich erfahre nichts. Gott teilt sich meiner Seele nicht durch ein Etwas mit: Durch kein Bild, kein Gleichnis, keinen Inhalt und keinen Gegenstand. Mein Verstand erhält keine Information. Sondern Gott teilt sich mit, nicht durch irgendetwas, vielmehr schenkt er sich selber. Er gibt sich, und zwar unmittelbar. So unmittelbar, daß er mit leeren Händen dasteht. Nichts steht zwischen ihm und mir. Gott hat nichts, und er ist nichts; er hat keine Gaben und Segnungen zu verteilen. Er gibt immer nur sich.

Dies geschieht meiner Seele. Sie empfängt, was niemand verstehen kann und trägt es unter dem Herzen, um sich von „seinem stillen Wort" bewegen zu lassen. „Wer dahin kommen soll, der muss den Hirten gleich sein, die des Nachts wachten, als Christus der Herr geboren wurde." – Will heißen, kehrt bei Euch selber ein! „… alles, was im Geist und im Leib ist, (muß) in Frieden und in Ruhe versetzt sein." Gottesgeburt geschieht fortwährend in der Seele. Gott kommt nicht, weil er ewig da ist. Wir sollen kommen. Bethlehem ist kein ferner Ort, sondern in uns. Dort sind wir das göttliche Kind. Zu Weihnachten braucht kein göttliches Kind angebetet und gepriesen zu werden. Dieses Kind will durch uns gelebt werden.

„Wo nichts ist, ist Fülle"

Ansprache zur Feier des Lebens, 13.1.2018

Kehre dich nach innen,
bis dorthin, wo nichts besteht,
und achte darauf,
daß du nichts einläßt.
Dringe in deine Tiefe ein,
bis dorthin, wo kein Gedanke besteht,
und achte darauf, daß sich keiner erhebt.

Wo nichts ist, ist Fülle,
wo nichts mehr zu sehen ist,
die Schau des Seins,
wo nichts mehr erscheint,
die Erleuchtung des wahren Selbst.

Sri Gnanananda, Indien

Der Swami Gnanananda aus Indien gehört zu den großen spirituellen Meistern der Moderne, die in Europa weitgehend unbekannt sind. Seine Reden, Schriften und Gedichte erreichen die mystische Tiefe des Unaussprechlichen. Gnanananda ist keiner Religion und Konfession mehr zuzuordnen. Seine Mystik hat alle Vorstellungen überschritten und damit jede Religion, denn auch Religionen beruhen auf Vorstellungen und sind daher begrenzt. Für spirituell reifende Menschen sind Religionen und ihre Meister und Meisterinnen ein Durchgangsstadium auf dem Weg zum Einen, das unvorstellbar ist. Dennoch bleiben die meisten ihrer Herkunftsreligion verbunden. Dies ist möglich, weil sie zuerst den seelischen Grund des Menschen erforschen. Sie gehen zuerst in die Tiefe und nicht in die Breite. Aus dieser lebendigen Quelle, die in jedem von uns sprudelt, legen sie die Schriften aus. Der Mensch in seiner Wesentlichkeit steht im Mittelpunkt, nicht sein Ego und auch kein Gott, keine Heilslehre, keine Priesterkaste und keine religiöse Institution.

Alle bedeutsamen spirituellen Wege führen von außen nach innen. „Kehre dich nach innen", fordert Gnanananda auf. Ich hörte früher als römischer Katholik: „Sonntags geht man zur Kirche und feiert die heilige Messe."

Hier hören Sie den gewaltigen Unterschied. Sich nach innen zu kehren, meint keine Weltflucht und keinen Egotrip. Die Bewegung nach innen dient der Selbstergründung und der Selbsterkenntnis. Diese Selbstergründung ist radikal, sie geht bis unter die Wurzel: „… bis dorthin, wo nichts besteht", „wo nichts mehr zu sehen ist", „wo nichts mehr erscheint".

Gnanananda scheint zu sagen: „Gib nicht auf, bis das gegenstandsfreie Sein, das Eine, dir aufgeht. Gib dich nicht mit weniger als dem Nichts zufrieden. Laß dich durch die Gaukeleien deines Verstandes und deiner Psyche nicht aufhalten. Ergründe deinen grundlosen Grund. Dort laß dich, und erkenne, wer du bist." „… wo nichts mehr erscheint, [ist] die Erleuchtung des wahren Selbst."

Mit einem vertieften Verständnis von sich und seinem Wesen kann sich der Mensch dann wieder seinem Außen neu zuwenden. Vom Erleben des bildlosen Seins durchwoben, werden diese Menschen weniger sorgen und planen, weniger Ängste in sich schüren, weil sie im Augenblick leben, der alles enthält: „Wo nichts ist, ist Fülle, / wo nichts mehr zu sehen ist, / die Schau des Seins". Gelassenheit tritt dann an die Stelle des ständigen Wollens und Hoffens, die Kreativität und Lebendigkeit an die Stelle des getriebenen, zwanghaften Machens. Mitten im Handeln, mitten im Alltag ist hier der Mensch frei, weil er frei von sich selber ist. Die Freiheit von mir selber ist die größte. Sie geht nicht nur weit über die Freiheit von äußeren Verhältnissen, Anforderungen und Notwendigkeiten hinaus, sondern vor allem sprengt sie die Fesseln, die uns unsere Gedanken, Wünsche, Ängste und Vorurteile anlegen. Seriöse spirituelle Wege führen dorthin; sie binden dabei niemand an eine Religion, ein Bekenntnis oder einen Meister. Diese Lebenshaltung beruht nicht auf einen Glauben an etwas, sondern auf Erkenntnis seiner selbst. So könnte eine aufgeschlossene Religion für aufgeklärte Zeitgenossen aussehen.

Sich aus der Entfremdung lösen

Ansprache zur Feier des Lebens, 17.2.2018

Wenn der Mensch sich nun in seine rechte Vernunft kehrt,
so richtet und verbessert diese all die niederen Kräfte
und bezwingt sie.
Sie legt all die Gelüste und das Begehren der Unvernunft offen
und streift alles ab, was ein Verlangen zum Niederen hat.
Sie löst sich von all dem wie von etwas Fremden,
entfernt sich von den Sinnen und kennt keine Betrübnis.
Und wenn das alles zur Ruhe gekommen ist,
so schaut der Mensch sein eigenes Wesen
und all seine Kräfte
und erkennt sich als ein vernunfthaftes Bild dessen,
aus dem er ausgeflossen ist.

Johannes Tauler (1300 – 1361)

Der Straßburger Mystiker und Dominikaner Johannes Tauler aus der 1. Hälfte des 14. Jhs. beschreibt in seiner deutschsprachigen Predigt den inneren Weg vom Ego zum Selbst, von der Psyche zur Seele, vom Haben zum Sein (nach Erich Fromm). Der Mensch solle sich „in seine rechte Vernunft kehren", sagt er; er soll bei sich einkehren, meint Tauler damit. Modern gesprochen: Der Mensch soll die Kontemplation üben. Diese „rechte Vernunft", in die sich der Mensch kehren soll, „richtet", „verbessert" und „bezwingt" die niederen Kräfte. Mit den „niederen Kräften" sind unsere Gelüste, unser Begehren, unser Verlangen, unsere Sehnsüchte, unsere Absichten, letztlich unser Suchtpotential angesprochen. „… was ein Verlangen zum Niederen hat", streift die rechte Vernunft ab, und noch viel mehr: „Sie löst sich von all dem wie von etwas Fremden". Diese Fremdheit ist der Sturm, der uns innerlich immer wieder aufwühlt.

    Im Mittelalter wurde hierarchisch gedacht in den Kategorien von oben und unten. Eine Reihenfolge war gleichzeitig eine Rangfolge. In diesem Denkmuster konnten Mann und Frau nicht gleichgestellt sein. Je niedriger etwas eingeordnet war, desto unwesentlicher war es. Das Niedrige war dem Wesen fremd. Anders gesagt: Wer nicht aus seinem Wesen lebte, lebte entfremdet, außengeleitet und fremdgesteuert. Dies ist heute nicht anders. Nur unser Denken, die Begrifflichkeiten und die Wertesysteme haben sich geändert. Das Problem der selbstverschuldeten Entfremdung des Menschen ist geblieben.

Wodurch kommt die Selbstentfremdung des Menschen zustande? Was macht ihn so anfällig, unwesentlich zu leben? Worauf beruhen die menschlichen Krisen und Konflikte, die ungehemmte Gewalt und die grausamen Kriege, das zahllose Leid? – Tauler predigt, weil wir uns von den Sinnen nicht entfernen, kennen wir so viel Betrübnis. Dies sollten wir weiter bedenken.

Im Mittelalter galten die 5 menschlichen Sinne inclusive der niederen Kräfte des Geistes und der Seele als Ursache für Betrübnis und Leid. Die östlichen Religionen lehren es ununterbrochen bis heute. Eine Selbstergründung des eigenen Egos wird kaum zu einem anderen Ergebnis gelangen. Unsere außengeleiteten Sinne stimulieren das Ego, immer mehr zu haben, zu wissen, zu wollen und zu beherrschen. Bedürfnisse lassen sich maßlos steigern. Unersättlichkeit schont nichts und niemand. Im Außen kommen wir uns gegenseitig ins Gehege durch Konkurrenzkampf und Vernichtungswettbewerb. Von innen treiben uns die Ängste an, nicht genug zu bekommen bei der Verteilung, an Anerkennung und beim gesellschaftlichen Status. Es ist die ewige Angst, zu kurz zu kommen und Mangel zu leiden.

„Und wenn das alles (sc. unsere Bedürfnisse und Ängste, unser Verlangen und Sehnen) zur Ruhe gekommen ist, so schaut der Mensch sein eigenes Wesen und all seine Kräfte und erkennt sich als ein vernunfthaftes Bild dessen, aus dem er ausgeflossen ist.“

Was befriedigt, beruhigt und stillt uns wirklich? Das ist die entscheidende Frage der Fastenzeit.

Die Erste Wirklichkeit

Ansprache zur Feier des Lebens, 10.3.2018

CHIYONO war eine Dienerin in einem Zen-Kloster, die Zen praktizieren wollte. Eines Tages näherte sie sich einer älteren Nonne und sagte: „Ich bin von niederer Geburt. Ich kann nicht lesen und schreiben und muss immer arbeiten. Gibt es eine Möglichkeit für mich, den Weg des Buddha zu gehen, obwohl ich keinerlei Mittel habe?"

Die Nonne antwortete: „Das ist wunderbar, meine Liebe! Im Buddhismus machen wir keine Unterschiede zwischen den Menschen. Es gibt nur das – jede Person muss festhalten an dem Wunsch zu erwachen und ein Herz voller Mitgefühl entwickeln. Menschen sind so, wie sie sind, vollkommen. Wenn du dich nicht in Täuschungen verirrst, gibt es keinen Buddha und kein fühlendes Wesen; es gibt nur die eine vollkommene Natur. Wenn du deine wahre Natur kennenlernen möchtest, musst du dich der Quelle deiner täuschenden Gedanken zuwenden. Das nennen wir Zazen."

Chiyono sagte daraufhin erfreut: „Mit dieser Praxis als meiner Gefährtin muss ich mich nur daran machen, in meinem Leben Tag und Nacht zu praktizieren."

Nachdem sie monatelang von ganzem Herzen praktiziert hatte, ging sie in einer Vollmondnacht hinaus, um Wasser aus dem Brunnen zu schöpfen. Der Boden ihres alten Eimers, von Bambusstricken zusammengehalten, fiel plötzlich heraus, und mit dem auslaufenden Wasser verschwand auch die Spiegelung des Mondes. Als sie das sah, erlebte sie die große Verwirklichung.

Ihr Erleuchtungsgedicht lautete:

Hiermit und damit versuchte ich,
den Eimer zusammenzuhalten,
und dann fiel der Boden heraus.
Wo Wasser sich nicht sammelt,
verweilt der Mond nicht.

Chiyonos „Kein Wasser, kein Mond", Japan, 13. Jahrhundert, in: Florence Caplow und Susan Moon (Hrsg.), Das verborgene Licht, edition steinrich Berlin 2016, S. 66f.

Chiyono empfing als Mugai Nyodai als erste Japanerin eine Dharma-Übertragung und gründete als Erste ein zen-buddhistisches Frauenkloster in Japan. Dharma-Übertragung ist ein irreführender Begriff. Denn Dharma heißt etwa Bewußtsein. Reines Bewußtsein wird auch Erleuchtung genannt. Niemand kann Bewußtsein übertragen und empfangen. Vielmehr wird sich der Mensch seines Bewußtseins gewahr. Gemeint ist, der Meister hält einen Schüler für geeignet und reif, Zen zu lehren und erteilt ihm dafür die Erlaubnis (und Verpflichtung), dies in der praktizierten Zen-Linie zu tun und seinerseits Meister zu ernennen. Da Zen als wahre Erkenntnis nicht lehrbar ist im üblichen Sinne und jenseits von Worten und Lehren erlebbar wird, ist Zen intellektuell nicht begreifbar. Insofern überträgt der Meister seinen Nachfolgern, den Zen-Schülern Vorbild und Ansporn zu sein, Zen als Lebenshaltung zu praktizieren.

Alle spirituellen Wege unterlaufen die Illusion, es gäbe etwas Vollkommenes. Wer in der Realität und Praxis ankommen will, riskiert, den Boden zu verlieren und zu scheitern. „Hiermit und damit versuchte ich, / den Eimer zusammenzuhalten, / und dann fiel der Boden heraus." Wir Menschen sind konditioniert, ständig zu erhalten und zu reparieren, zu erneuern und zu ersetzen, zu konservieren und zu archivieren. Wer spirituell lebt, ist verantwortlich und flickt den Wassereimer. Das ist wertvoll und spart Ressourcen. Gleichzeitig kann ich zulassen, daß der Wassereimer eines Tages auseinanderfällt. Mit beidem ist recht umzugehen: „Es ist, was es ist ..." (Erich Fried). D.h., spirituelle Menschen verfeinern ihre „Fähigkeit, flexible zu sein und Unterscheidungen zu treffen."

Die Freiheit des Dharmas besteht im Zulassen dessen, was jeweils ist. Im Außen ist es eine Freiheit zwischen geflicktem Eimer und bodenlosem Eimer. Im Innern ist es die Erkenntnis, die Wirklichkeit ohne Vergleiche und Bewertungen wahrzunehmen, wie sie ist. Die wahre Freiheit ist dort, wo der Mond nicht weilt. Der Mond leuchtet, weil der leuchtet, egal ob er gesehen wird. Er bedarf keiner Spiegelung auf dem Wasser. Denn die Spiegelung ist eine Illusion, weil sie nicht das Original und die ursprüngliche, Erste Wirklichkeit ist. Wer die Spiegelungen, d.h. die Täuschungen, nicht mehr braucht, ist frei von sich und allen Anhaftungen. „Mit dem auslaufenden Wasser verschwand auch die Spiegelung des Mondes. Als sie [Chiyono] das sah, erlebte sie die große Verwirklichung." Beim Wasserholen ging ihr die namenlose, gegenstandsfreie Erste Wirklichkeit auf.

Wissen durch Erkennen im Herzen

Ansprache zur Feier des Lebens, 14.4.2018

Der Mensch sieht mit den Augen,
was er durch die Weisheit versteht,
und er erfasst es durch Hören, Riechen, Schmecken.
Was aber in seinem Herzen sich sammelt,
das weiß er durch Erkennen
und schaut dies nicht mit den Augen.

Hildegard von Bingen (16.9.1098 – 17.9.1179)

Hildegard hat sich und die Menschen genau beobachtet. Dies blieb nicht äußerlich. Sie schaute tief ins Herz, wo die ursprünglichen Beweggründe und Absichten des Menschen liegen. Sie bestimmen unser Denken, Fühlen und Wollen mehr, als wir meinen oder es uns bisweilen lieb ist. Bemerken wir, daß unsere innere Lebenseinstellung vom Unbewußten stark mitbestimmt wird, sind wir überrascht, irritiert, entsetzt oder geängstigt. Denn wir stellen fest, nicht alles unter Kontrolle zu haben. Wer ist Herr oder Hausmeister im „eigenen" Haus? Das ist nicht leicht auszumachen. Solche inneren Erfahrungen können verunsichern. Was ich schlecht steuern und kontrollieren kann, weckt Angstfantasien wie bei Chaos, Anarchie, Krisen oder Katastrophen. Es wirft die Frage auf, wer bin ich eigentlich und wie frei bin ich wirklich?

Unbewußte Kräfte liegen meist dem Verstand und den wahrgenommenen Gefühlen, der Ethik und Moral, dem Wollen und Handeln weit voraus. Im Unbewußten sind wir vielmals schon entschieden, bevor wir uns bewußt entscheiden konnten. Und wie oft tun wir Dinge, die wir eigentlich nicht tun wollen. Der Geist ist stark, aber das Fleisch ist schwach, sagt Paulus. Und doch sind wir unserm Unbewußten nicht ohnmächtig ausgeliefert. Wir beeinflussen und stimulieren es auch durch all unsere gewollten und bewußten Aktivitäten. Dadurch schaffen wir im Unbewußten ein Bereitschaftspotential beispielsweise für ein Leben in Mitgefühl, Solidarität und Gerechtigkeit. Es gibt hier also keinen Grund für Resignation und Fatalismus. Im Gegenteil: Zwischen Bewußtsein und Unbewußtem besteht ein dialogisches Wechselverhältnis, das wir mitgestalten können. Unsere innere Freiheit liegt zwischen der Unermeßlichkeit des Unbewußten und den Grenzen unserer Bewußtseinsinhalte. Wir sind die Gestalter unserer inneren Freiheit und dafür selbst verantwortlich.

Hildegard denkt großartig vom Menschen. Was er mit eigenen Augen sieht, versteht er durch die Weisheit. Meint sie die göttliche Weisheit im Herzen des Menschen? Nicht auszuschließen. Dann wäre dieses Sehen nicht begierig und besitzergreifend, berechnend und vereinnahmend. Diese Art des Sehens mit den leiblichen Augen will das Gesehene im tiefsten verstehen, in seiner Einzigartigkeit und Unabhängigkeit, in seiner unantastbaren Würde und unberührbaren Schönheit. Dieses Sehen führt zum Staunen, das „durch Hören, Riechen und Schmecken" die Welt einsaugt und im Herzen verkostet. So entsteht höchster Genuß ohne Raubbau an der Natur.

Doch im Herzen sammelt nicht nur der Mensch sein Eigenes, dort sammelt sich auch das, was mit keinem Auge zu schauen ist, aber von dem der Mensch durch Erkennen weiß. Dieses Erkennen ohne Sinnesorgane gewinnt Erkenntnis von der Unendlichkeit. Nichts verstellt hier mehr den Blick. Der Horizont ist offen: Kein Ort, keine Zeit und Geschichte, nirgends und überall sind dasselbe, Alles ist Nichts und Nichts ist die Fülle, ewige Gegenwart im sterblichen Menschenherz.

„Was aber in seinem Herzen sich sammelt,
das weiß er durch Erkennen
und schaut dies nicht mit den Augen."

„Was ist Zen?"

Ansprache zur Feier des Lebens, 19.5.2018

Auf der Suche nach der Weisheit des Zen begab sich ein junger Amerikaner in ein japanisches Kloster, wo er mehrere Monate zubrachte. Immer wieder fragte er den Meister: „Was ist Zen?" Aber er erhielt keine Antwort. Um zu zeigen, wie ernst es ihm mit seiner Suche war und um seine Ergebenheit zu demonstrieren, begann er, morgens, mittags und abends die Gemeinschaftstoiletten zu reinigen. Der Zen-Meister zeigte sich jedoch in keiner Weise beeindruckt, und der junge Mann fühlte sich gekränkt. Nach einigen Tagen wurde dem Mann klar, daß er, wenn er den Wunsch hätte, Toiletten zu säubern, er das überall tun könnte, und er entschloß sich, das Kloster zu verlassen. Er unterrichtete den Zen-Meister von seinem Entschluß. Der Meister bemerkte: „Das ist Zen."

‚Was ist die ewige Wahrheit?' ‚Geh weiter!' Hrsg. Marco Aldinger, 1998, S. 28

Alle Meisterinnen und Meister werden immer wieder mit Nachdruck gefragt: „Was ist Zen? Was ist Kontemplation? Was ist Yoga? Was ist Mystik?" Gefragt wird hier nach des Pudels Kern. Die Fragenden wissen noch nicht, daß sie nach einem Geheimnis forschen. Wer sollte darauf antworten können? Der Zen-Meister in der heutigen Erzählung jedenfalls schwieg und schwieg. Ein Rätsel läßt sich lösen, ein Geheimnis nie. Intellektuell betrachtet bleibt es verschlossen und deutungsoffen.

Zen-Meisterinnen und –Meister sind meist streng. Darin wirken sie manchmal unnahbar und unterkühlt. In unserm Fall bleibt der Zen-Meister von der Ergebenheitsdemonstration des Fragestellers unbeeindruckt. Er fällt auf solche künstlichen Inszenierungen nicht herein. Er schweigt weiterhin und bleibt in seinem Schweigen ein Hüter des Geheimnisses. Denn Preisgeben kann niemand ein wahres Geheimnis. Über Geheimnisse kann viel geredet und spekuliert werden. Dies stachelt die Neugier an und putscht die Gefühle auf. Doch all dies entfernt mehr vom Geheimnis, als daß es ihm näher käme. Und Neugierige merken in ihrem ungehemmten Eifer selten, daß sie auf dem Holzweg sind. Der Meister hingegen ist ein Wissender. Deshalb schweigt er.

Auf die Frage: „Wie schmeckt Tee?", wird im Osten geantwortet: „Trink ihn!" - „Was ist Zen?" Darauf könnte geantwortet werden: „Frage nicht, sondern übe! Geh wieder auf dein Sitzkissen und schweig! Praktiziere täglich achtsam, bis es dir aufgeht!" Doch diese wenigen Worte sind schon zu viel. Denn es sind nur Worte, die auf das beständige Üben verweisen. Sie können das Geheimnis nicht schmecken lassen. Keine Übung wird das Geheimnis offenbaren, kein Wort wird es aussagen. Darum wird Zazen praktiziert. Jedes Wort ist dem Geheimnis fremd. Es sagt mehr über den Sprechenden aus als über das Geheimnis. Darum schweigt der Meister. Er hat kein einziges Wort für den Fragenden. Der Meister überläßt ihn sich selbst. Der Suchende hat noch nicht verstanden, warum ihn der Meister bei sich wohnen läßt. Er soll dem Meister folgen und auch schweigen, ganz schweigen. Solange in der Spiritualität Fragen gestellt werden, wird innerlich nicht geschwiegen. Der Fragende sucht intellektuell, als würde sich ein Geheimnis finden lassen und sich im Moment des Findens sogleich erschließen. Es ist umgekehrt: Wahre Geheimnisse finden den Menschen; sie suchen ihn. Geheimnisse können demütig machen, weil sie sich offenbaren oder nicht. Keine menschliche Aktivität kann ein Geheimnis nötigen, sich darzutun.

In unserer Zen-Geschichte erschließt sich die „Weisheit des Zen" weder auf dem Sitzkissen noch durch eine Antwort des Meisters. Mitten im vermeintlichen Tun kommt der Fragende der Wahrheit nahe. Jetzt ist der Zeitpunkt, daß der Meister sie ihm deutet: „Das ist Zen." Er sagt nicht, was Zen ist. Die Antwort ist vieldeutig und nichtssagend zugleich. Sie steht im Zusammenhang mit dem vergeblichen Bemühen des Fragenden. Als ihm aufging, daß er überall auf der Welt Toiletten putzen kann, sich der Streß seiner beflissenen Ergebenheit wie Nebel auflöste und er einen klaren Entschluß fassen konnte, da war er ganz bei sich angekommen. Seine Frage beantwortete das Leben. So entsteht Weisheit.

Printed by Books on Demand GmbH, Norderstedt / Germany